리더는 왜 지금 사람들을 만나는가

김양희 지음

리더는 왜 지금 사람들을 만나는가

배움은 지속되어야 하고,
사람은 만나야 한다

1970년대 초반, 이른바 '최고위 과정'이라는 것이 우리나라에 처음으로 등장했다. 최고위 과정이란 기업의 CEO 및 임원을 비롯해 이미 업계에 자리 잡은 리더들을 주요 대상으로 업무 기법과 심화 이론 등을 가르치는 수업을 말한다. CEO 과정, 리더 과정 등 다양한 이름으로 불리지만 통칭 최고위 과정으로 이해된다. 주로 대학이나 교육원, 협회 등을 통해 개설되며 학위를 부여하는 과정이 아니기에 비교적 자유롭게 수강할 수 있다.

필자는 20년 동안 대학원 최고위 과정의 실무자로 일했으며, 현재는 독립해 리더에게 필요한 다양한 콘텐츠를 제공하고 인간관계의 연결 고리를 이어 주는 커뮤니티 클럽을 운영하고 있다. 그러는 동안 국내의 내로라하는 리더들이 이 배움의 과정을 거쳐 가는 모습을 몸소 지켜봤다. 지금도 각 분야에서 왕성한 활동을 하면서 우리 사회를 이끄는 이들이 바로 그 주인공들이다. 경제 성장과 맞물린 사회의 급격한 흐름 속에서 최고위 과정은 새로운 만남을 위한 중추적인 역할을 수행하며 어른들의 배움터로 자리매김했다.

혹자는 최고위 과정에 대해 영업을 위한 인맥을 쌓는 용도라거나 학교의 동문으로 인정받아 학력 세탁용으로 활용하기 위한 곳이라든지 하는 부정적인 시선을 보내기도 한다. 리더들이 모이고, 과정을 수료하고 나면 동문 자격을 주는 곳이 많다 보니 이러한 말도 아주 잘못된 것은 아닐지 모른다. 하지만 명확한 본질 또한 아니다.

이미 각자의 분야에서 나름의 성공을 거둔 리더들이 단순히 학교의 이름이나 인맥만을 챙기기 위해 수업을 듣고 뒤풀이에 참석하며 시간을 투자한다는 것은 요즘 말로 가성비가 떨어지는 일이다. 이익을 추구하는 것이 목적이라면 반드시 최고위 과정일 필요는 없다. 그렇다면 리더들은 왜 최고위 과정을 찾아올까?

필자가 기획했던 수업 중 유난히 반응이 좋았던 김형석 교수의 강연에서 그 이유를 짐작해 볼 수 있을 것 같다. 102세의 강연자를 바라보는 리더들의 모습은 그 어느 때보다 초롱초롱했다. 어른의 위치가 익숙하다고 생각했던 그들도 한 세기가 넘는 시간을 살아온 교수 앞에서는 한 명 한 명이 청년이었다. 숨소리조차 조심하며 귀를 세우고 이야기를 경청했다. "90세부터는 아름다운 인생을 살고 싶었다"는 그의 말은 리더들의 마음에 뜨거운 불을 지폈다.

사업적으로 성공한 리더들의 삶은 이미 완성됐다고 생각하기 쉽다. 하지만 리더들도 여전히 배울 것이 많다. 언제든 도전하기를 꿈꾸며, 더 많은 것을 깨닫고자 한다. 더욱 나은 사람이 되고 싶고, 좋은 이들 곁에 머물고 싶다. 구체적인 바람의 형태는 모두 다르지만 누구나 아름다운 인생을 살고 싶어 한다. 그러한 가능성을 열어 주는 배움과 만남을 기대하며 최고위 과정의 문을 두드리는 것이다. 누군가는 석학의 지혜를 통해 나아갈 방향을 정하고, 누군가는 새로운 만남을 통해 삶의 의미를 발견한다. 남은 인생이 더욱더 행복하길 바라며 제각각 꿈을 안고 최고위 과정을 찾는다.

필자는 수많은 리더를 만나고 그들의 이야기에 귀 기울이며 이 일에 점점 더 매료됐다. 배움의 힘과 좋은 사람이 주는 영향력은 실로 대단했다. 서로 닿을 기회가 없었던 이들을 연결해 주고 그들의 만남이 놀라운 시너지를 일으키는 것을 지켜보는 보람 또한 컸다.

고난을 극복하고 성공을 이룬 여정과 배움에 대한 끊임없는 갈증, 사람을 대하는 따뜻한 시선과 삶을 바라보는 태도는 많은 것을 느끼게 한다. 이러한 리더들의 참모습과 인간관계를 풀어 가는 해법을 좀 더 많은 이들과 나누기 위해 이 책을 쓰게 됐다.

필자는 강연이 있을 때마다 수업 내용과 뒤풀이 상황을 상세하게 기록한다. 참석하지 못한 수강생들에게 전해 주기 위해서다. 그렇게 모인 기록을 바탕으로 리더들이 어떤 상식으로 삶을 살아가는지 보고 듣고 느낀 것을 이야기해 보려 한다.

리더는 과연 무엇을 배우고자 하는지, 사람들과 어떻게 관계를 맺는지 최대한 세세히 서술했다. 또한 어른들의 배움과 인간관계에 관한 필자의 견해를 솔직하게 풀어내기 위해 노력했다. 차세대의 리더가 되기 위해 고군분투하는 청년과 성공을 위해 달려가는 경영인을 비롯해 좋은 사람을 만나고 싶은 모든 이들에게 이 책의 길잡이가 되어 줄 수 있으리라 믿는다.

최고위 과정이라는 이름으로 시작된, 이 어른들의 교실은 어쩌면 가장 순수한 배움을 제공하는 곳이 아닐까 싶다. 학점과 진로에 얽매이지 않으면서 배우는 것 자체를 즐길 수 있기 때문이다. 이와 더불어 마치 유년기로 돌아간 것처럼 설레는 마음으로 오랜만에 사심 없이 친구를 사귀는 기쁨을 누릴 수 있는 곳이기도 하다.

나이가 들어도 배움은 지속되어야 하며, 코로나 시대라 하더라도 사람은 만나야 한다. 꿈꾸는 어른들을 위한 이 놀이터에서 리더들이 어떻게 더 성장하고 발전했는지 확인하길 바란다.

1부 우리가 만난 1퍼센트의 리더들

1부
우리가 만난
1퍼센트의 리더들

> 배우고 익히기를 중단하는 순간부터
> 당신은 더 이상 리더가 아니다.

– 릭 워렌 목사
타임 지 선정 '세계에서 가장 영향력 있는 100인'

리더는 왜 지금
사람들을 만나는가

최고위에 와서 300억을 벌다

휴콥 김경숙 대표

"여자가 무슨 대학 공부야? 고등학교까지만 나오면 되지."

휴콥 김경숙 대표는 아직도 아버지의 그 말을 잊지 못한다. 아버지는 넉넉지 않은 살림에도 주변을 살뜰히 챙기는 정 많은 사람이었지만, 한편으로는 당시 만연했던 남아 선호 사상이라는 유교 관습의 영향을 받은 전형적인 한국 남자이기도 했다.

아버지는 중학생이던 남동생을 서울 친척 집으로 유학 보낼 정도로 아들의 교육에 적극적이었다. 하지만 딸인 김 대표에게는 "고등학교 졸업이 끝"이라고 못 박았다.

김 대표는 고등학교를 졸업하자마자 강화의 시골 동네를 탈출해 서울로 왔다. 배움에 대한 열망을 포기할 수 없었기 때문이다. 그는 곧바로 건물종합관리 전문 업체인 대고개발에 취직했고, 얼마 지나지 않아 야간 대학 경영학과에 입학했다. 직장을 다니면서도 대학 공부의 뜻을 버리지 않은 것이다.

숨 막힐 정도로 바쁜 서울 생활에 적응하기도 힘든 스무 살 어린 나이에 직장 생활과 공부를 병행하는 일은 쉽지 않았다.

"미스 김, 그 서류 아직도 준비 안 된 거야?"

"네, 죄송합니다. 내일까지 준비할게요."

직장에서도 눈치를 볼 수밖에 없었다. 공부하느라 일 처리가 늦어져서 야근을 하고, 그로 인해 시험을 치르지 못한 적도 있었다.

그래도 김 대표는 결코 공부를 포기하지 않았다. 한번 시작하기로 마음먹은 것은 어떤 어려움이 오더라도 꾸준히 해 나가는 '끈기'와 뒤처질 수 없다는 '절박함' 덕분이었다.

그는 결국 동기들보다 늦게, 6년 만에 대학을 졸업했다. 반드시 해내리라는 신념으로 목표를 향해 끊임없이 노력한 결과였다. 그때의 기쁨은 말로 다 표현할 수 없다.

하지만 김 대표는 여기서 멈추지 않았다. 이어 성균관대학교 경영대학원에도 진학해 회사 업무와 관련된 인사조직을 전공했고, 마침내 석사 졸업장까지 손에 쥐었다.

최초의 여성 대표이사에
취임하다

끈기와 절박함은 대표이사로 승진할 때도 발휘됐다. 김 대표는 청춘을 바친 회사에서 임원까지 순탄히 능력을 인정받았다. 하지만 대고개발 오너인 회장님은 여자가 대표이사직에 오르는 것을 꺼렸다. 회장님 역시 유교 관습의 영향을 받은 전형적인 한국 남자였기 때문이다. 대표이사직을 맡은 사람이 갑작스럽게 병이 생겨 근무하지 못하게 된 적이 있는데, 그때도 김 대표를 대표이사직에 임명하지 않을 정도였다. 이후에도 몇 번이나 대표이사 자리에 오를 기회가 있었음에도 그는 번번이 남자들에게 자리를 내주어야만 했다.

대학 공부를 할 때의 절박함이 다시 엄습해 왔다. 지금 이 기회를 놓치면 다음은 없을 것이라는 절실한 마음이었다.

"얘들아, 나 좀 도와줘."

그는 평소 친하게 지내던 여고 동창들에게 자신의 심정을 토로했다.

"무슨 일이야?"

"내가 이번에도 대표이사에 오르지 못하면 다시는 기회가 없을 것 같아."

"그런 일이라면 당연히 우리가 도와줘야지."

여고 동창들은 제 일처럼 발 벗고 나서서 '회장님 설득하기' 작전에 돌입했다.

예전부터 회장님과 친분이 있던 친구는 남편까지 대동해서 회장님과의 골프 라운딩 일정을 잡았다. 친구 부부는 라운딩 내내 김경숙이 대표이사를 해야 하는 이유를 설명했다. 또 다른 친구는 몇 차례에 걸쳐 직접 회사를 방문해서는 김 대표에 관해 계속 이야기했다.

"회장님, 김경숙 이사가 대고개발에서 30년 청춘을 다 바쳐 일했다는 거 알고 계시죠?"

"알고 있습니다."

"그런데 왜 김 이사를 대표이사에 임명하지 않으시는 건가요?"

"뭐, 별다른 이유는 없지만……."

"김 이사가 여자이기 때문인가요? 그런데 김 이사가 남자들보다 일을 못하나요, 아니면 리더십이 없나요? 김 이사의 회사 사랑은 이미 회장님도 잘 아시잖아요. 김 이사한테 제발 한 번만 기회를 주세요. 회장님을 실망시키지 않도록 저희도 옆에서 힘을 보탤게요."

"음……."

친구들의 이런 적극적인 도움에 힘입어 김경숙 대표는 마침내 2007년 7월 대고개발 대표이사에 취임했다. 하고자 하는 일을 관철하기 위해 스스럼없이 도움을 청할 수 있는 융통성과 추진력이 빛을 발하는 순간이었다. 목표를 향해 부단히 노력하는 그의 끈기 근성은 이처럼 삶 속에 묻어 있었다.

그곳에 가면 좋은 일이
생길 것 같다

김 대표는 시대의 변화를 따라가면서 사회 전반적인 트렌드를 알려면 학교만큼 좋은 곳이 없다고 생각했다. 경영 책임자가 되면서 제일 먼저 한 일도 다시 배움터를 찾는 것이었다. '왠지 그곳에 가면 좋은 일이 생길 것 같다'는 생각으로 망설임 없이 연세대학교 언론홍보대학원 최고위 과정에 등록했다.

그는 언제나 성실함의 표본을 보여 주었다. 일주일에 한 번 저녁 6시부터 시작하는 수업에 항상 미리 와서 자리에 앉아 있었다. 단 한 번의 결석이나 지각도 없었다. 한 회사의 대표로 정신없이 바쁜 와중에 거의 10개월에 이르는 기간을 그렇게 성실히 출석하는 것을 보고 동기들마저 혀를 내둘렀다. 한번 하기로 마음먹은 일은 포기하지 않고 꾸준히 해 나가는 끈기가 여기서도 발휘된 것이다.

김 대표는 〈설득 커뮤니케이션〉 〈대화와 타협〉 등의 수업을 통해 소통의 중요성을 배웠다. "일을 잘하는 것은 결국 사람과 얼마나 잘 소통하느냐에 달렸다"는 교수님의 말에 공감하면서 이를 실천에 옮겼다. 대표이사 취임 이듬해에 회사명을 대고개발에서 휴콥 hu:corp('휴먼 코퍼레이션'의 준말)으로 변경했는데, 사람을 존중하는 기업답게 고객과의 소통뿐만 아니라 회사와 직원 간의 소통까지 중시하는 김 대표의 철학이 담긴 사명이었다.

꾸준한 배움 속에서 좋은 기운이 파도처럼 몰려왔다.

대표이사 취임 첫해, 100타 정도의 평범한 실력에도 불구하고 김 대표는 동기들과 함께한 골프 대회에서 생애 첫 이글을 기록했다. 그리고 조달청 입찰에서 생각지도 못한 200억 원대 계약을 수주하게 됐다.

대표이사직을 맡은 첫해에 골프 이글 기록과 정부 입찰 수주까지 좋은 기운이 계속 이어진 것이다. 어릴 적부터 공부에 관한 의지를 불태우며 힘든 가운데도 직장 생활과 학업을 병행하면서 줄곧 최선을 다해 살아온 것에 대한 보은처럼 말이다.

그 뒤에도 김경숙 대표는 입찰하는 곳마다 10억 원, 5억 원, 3억 원 등의 수주를 줄줄이 따내면서 자신이 대표이사로 취임하기 전해보다 휴콥 매출을 2배 이상 신장시켰다.

평생 공부를
실천하다

김 대표는 내친김에 박사 과정에도 들어갔다. 이번에는 공부하려는 목적보다는 입찰 성공을 위해 주변의 도움을 얻으려는 이유가 컸다. 어마어마한 규모를 갖춘 인천공항이 걸린 입찰이었다. 경영 책임자로서 욕심을 내지 않을 수 없었다.

김 대표는 대표이사 취임 첫해에 찾아온 행운이 다시 오기를 기대했다. 마침 인천공항 관계자들이 항공대 박사 과정 수업을 수강한다는 소문을 들은 터였기에 입학할 때는 무언가 손에 잡힐 것만 같은 희망이 가득했다. 입찰 건과 관련된 정보를 얻고자 하는 포석으로, 관계자들과 얼굴도 익히고 관련 교수와도 친분을 유지했다.

하지만 입찰은 냉정했다. 서류 심사에서 아주 근소한 차이로 낙찰받지 못하는 사태가 벌어졌다.

'다 됐다고 생각했는데 왜 안 됐을까?'

김 대표는 자괴감에 빠졌다. 포기를 모르는 그는 사활을 걸고 다시 한번 시도했지만, 결과는 마찬가지였다.

'무엇이든 잡으면 성사될 줄 알았는데⋯⋯.'

낙찰에 실패한 김 대표는 허탈감에 빠져 넋 놓고 혼자 멍하니 사무실 책상에 앉아 있었다. 그러다가 불현듯 '과유불급過猶不及'이라는 사자성어가 머릿속에 떠올랐다.

'아, 이번에는 내가 너무 욕심을 부렸구나.'

정상적이지 않은 방법을 써서라도 일을 성사시키려 했던 자신을 반성하게 됐다. 결국 김 대표는 더 이상 인천공항 입찰에 미련을 두지 않기로 했다. 더불어 회사 이익을 위한 욕심으로 수강한 박사 학위 과정 역시 내려놓기로 했다. 어렸을 때처럼 공부에 대한 순수한 열정으로 시작한 것이 아니었기에 흥미가 떨어진 상태였다.

김 대표는 스스로 뒤돌아보는 시간을 가졌다. 그리고 5년이 지난후 시작한 것을 마무리해야겠다는 생각이 들어 복학했다. 다시 시작한 공부는 정말 재미있었다.

마침내 김 대표는 경영학 박사 학위를 취득했다. 스무 살의 어린 소녀가 서울로 상경해 직장에 다니며 학사에서부터 석사, 박사까지 공부하고 최고 경영자의 자리에 오르기까지 '평생 공부'를 실천한 결과였다.

김 대표의 평생 공부는 가족에게도 전파됐다. 고등학교만 졸업하고 방황하던 조카가 있었는데, 그를 바라보는 김 대표의 마음은 착잡했다. 자신도 공부로 새로운 인생을 개척했기에 조카의 인생을 바꾸어 주고 싶은 마음이 누구보다 컸다.

김 대표는 군대를 제대한 스물네 살의 조카에게 배낭여행을 권유했다. 다행히 조카는 여행을 통해 마음을 잡을 수 있는 기회를 얻었다. 공부가 살아가는 데 얼마나 큰 지혜를 주는지 조카에게 알려주고픈 이모의 마음이 통한 것이다.

도움은 거기에서 그치지 않았다. 김 대표는 조카를 유학의 길로 인도하고 기꺼이 후원자가 됐다. 조카는 늦깎이 학생으로 변신해 대학 4년을 성실히 공부하고 나서 미국 최고의 학교 중 하나인 콜롬비아대학으로 편입했다. 그때의 짜릿함은 아직도 잊을 수 없다. 물론 그 때문에 김 대표가 예상했던 4년의 후원 기간이 6년으로 연장되면서 돈에 대한 고민이 커지기도 했지만 말이다. 하지만 공부의 중요성을 몸소 체험한 그는 한 명의 인재를 만들기 위해 기꺼이 땅을 팔았다. 현재 조카는 글로벌 은행에 취업해 열심히 일하고 있다.

소통으로 이룬
300억 수주

휴콥은 시설, 미화, 보안·주차 관리 및 근로자 파견 등의 사업을 하는 건물종합관리 전문 업체로 본사 직원은 40여 명에 불과하지만 전국 각 시설에 용역·파견 사원의 숫자가 자그마치 1,200여 명에 달한다. 그런데 놀라운 것은 이들이 전부 계약직이 아닌 정규직이라는 점이다.

김 대표는 전국에 흩어져 있는 용역·파견 사원들을 일일이 찾아다니며 그들의 고충과 애로 사항을 전해 듣고, 적극적으로 개선하고자 노력한다. 이는 휴콥으로 사명을 바꿀 때부터 마음먹었던 회사와 직원 간의 소통을 적극적으로 실천한 사례라고 할 수 있다. 그밖에 홈페이지를 통해 휴콥 임직원들의 '소통' 사연을 공모해 애사심을 고취하는 등 더욱더 소통 잘하는 회사로 만들기 위해 계속해서 노력하고 있다. 또한 그는 대표이사에 취임한 후 직원들과 함께 한 달에 한 권씩 책을 읽고 발표하는 시간을 갖는다. 발표자는 제비뽑기로 정하기 때문에 누구나 책을 읽을 수밖에 없다. 김 대표는 책 읽기를 통해 직원들이 다양한 지식을 쌓고 자신감과 발표력을 향상하기를 바란다. 이와 더불어 직원들의 생각과 의견을 듣는 소통의 도구로 삼고 있다.

휴콥은 2018년에 300억 원 수주를 달성했다. 김 대표가 지속적인 소통으로 진심 어린 마음을 전달하면서 직원들 스스로 회사를 위해 일하게 된 것이 놀라운 결과로 나타났다. 이 또한 끈기와 절박함으로 무장한 그이기에 가능한 일이었다.

김 대표는 목표를 위한 정진에는 멈춤이 없다고 생각한다. 시작하면 마무리를 맺는다는 철학은 가족은 물론, 직원, 더 나아가 고객에게도 영향을 미친다. 이때 평생 공부와 더불어 경험과 실천에서 비롯된 소통의 힘이 그만의 무기가 된다.

김경숙 대표는 한번 품은 꿈을 절대 포기하지 않는다. 단기 목표부터 장기 목표에 이르기까지 항상 무언가를 계획하고 그것을 이루기 위해 최선을 다하는 그는 이 시대의 진정한 기업인이다.

인천 택시 업계의 왕이 되다

동일운수 김복태 대표

"네, 최고위 과정 사무실입니다."

아직 차가운 겨울바람이 간간이 불어오던 2월의 어느 날, 필자는 전화 한 통을 받았다. 상대방은 잔뜩 긴장한 말투로 대학원의 위치를 조심스레 물었다. 제법 나이가 느껴지는 목소리였다. 건물이 많은 탓에 학교를 처음 방문하면 정확한 위치를 안내받아도 찾지 못하는 경우가 허다했다. 그래서 직접 마중을 나갔다. 빡빡머리에 가죽 잠바를 입은 그를 처음 만났던 순간을 지금도 잊을 수 없다. 알고 보니 지인의 추천으로 찾아온 지원자였다.

그를 사무실로 안내하고 지원서를 가져다주었는데, 그것을 작성하면서 연신 쑥스러워했다. 학력 사항을 기재할 때 자신은 국민학교 졸업인 데다가 나이도 많은데 이곳에 응시해도 되는지 넌지시 물었다. 필자는 최고위 과정은 학력에 상관없이 누구에게나 열려 있으며 연배가 높은 리더도 문을 두드릴 수 있다고 말해 주었다. 그럼에도 그는 연신 고개를 갸우뚱하며 자신이 잘 적응할 수 있을지 걱정했다.

그는 지원 동기에 '학교 공부를 제대로 하지 못해 이곳에서 공부하는 기회를 갖고 훌륭한 사람들과 좋은 인간관계를 맺고자 합니다'라고 썼다.

그 다짐처럼 수업을 열심히 들으며 원우들과 관계 맺기에도 많은 신경을 쓴 그가 바로 삼우운수와 동일운수를 운영하는 인천 택시 업계의 왕 김복태 대표다. 강렬했던 첫인상만큼이나 그의 학교 생활은 여느 학우들과는 조금 남달랐다.

선생님은 곧 하늘

어린 시절 형편이 어려워 학교를 제대로 다니지 못했던 김 대표에게 '선생님은 곧 하늘'이었다. 최고위 과정의 원장님을 만나면 90도로 깍듯이 인사를 했다. 그뿐만이 아니었다. 그는 자신의 회사에서 손수 닭을 키웠는데, 그 닭이 알을 낳으면 볏짚으로 네 알씩 엮어서

두 묶음을 학교로 가지고 왔다. 스승에게 마음을 표현하기 위해서였다. 강의실로 들어섰을 때 손에 든 달걀에 집중된 시선을 느꼈지만, 그는 개의치 않았다. 오히려 하늘 같은 선생님께 달걀을 드릴 생각에 함박웃음이 가득한 얼굴이었다.

"원장 선생님께 드릴 선물인데… 원장님은 어디 계신가요?"

다급하고 격양된 목소리에서 달걀을 빨리 전하고픈 마음이 느껴졌다. 그 누가 갓 낳은 달걀을 학교로 가져올 생각을 하겠는가. 손에 쥔 달걀에 선생님에 대한 그의 각별한 마음이 고스란히 담겨 있었다. 학창 시절을 제대로 경험해 보지 못한 아픔이 서려 있기에 선생님을 향한 애정이 그만큼 남달랐던 것이다.

또한 그에게 선생님과의 약속은 하늘과의 만남이었기에 어떤 상황이든 자신이 먼저 자리에 도착해 맞이해야 한다는 신념을 품고 있었다. 그래서인지 김 대표는 수업 시간에 늦은 적이 한 번도 없을 정도로 선생님과의 시간 약속을 철저하게 지켰다.

그는 학교 관계자와 통화할 때도 언제나 원장 선생님의 안부부터 물었고, 명절이 되면 소박한 상자에 멸치를 가득 담아 선생님께 감사의 선물을 보냈다. 이런 한결같은 행동을 통해 학교 강의실로 달걀을 가져온 일 역시 꾸며진 모습이 아니라 선생님에 대한 존경과 진심이 자연스럽게 표현된 것이었다는 사실을 확인할 수 있었다. 원장 선생님을 향한 그의 태도는 보는 이들에게 귀감이 됐다.

원우들은 당시 나이가 가장 많은 학생이었던 그의 지나온 삶을 궁금해했다.

전라도 남원 산골 소년의
서울 상경

'서울로 가야겠어!'

전라도 남원의 산골 소년 복태는 마침내 고향을 떠나겠다고 결심했다. 일하는 사람이라고는 남의 집 머슴살이를 하던 아버지뿐이었기에 여러 형제 속에서 끼니 굶기가 일쑤였던 그로서는 어쩌면 당연한 선택이었다. 그렇게 열네 살의 어린 소년은 고향 집에서 도망치듯 뛰쳐나왔다.

하지만 호기도 잠시, 무일푼의 복태는 어찌어찌 서울행 기차에 올라탔지만 차표가 없어 가는 내내 승무원을 피해 다녀야 했다. 의자 밑에 숨거나 객차와 객차 사이 난간에 매달려 기차가 목적지에 빨리 도착하기만을 기도했다.

서울역에 도착했을 때는 짙은 어둠이 깔려 있었다. 남원 시골 소년이 처음 느낀 서울은 낯설고 두려운 곳이었다. 복태는 논밭 매고 산에서 나무만 할 줄 알았지, 특별히 내세울 만한 기술이라고는 전혀 없었다. 그때 한쪽에서 구두를 닦는 아저씨가 보였다. 순간적으로 '이거라도 해야겠다'는 생각이 그의 머릿속을 스쳤다. 구두닦이 아저씨에게 다가가 이 일을 해 보겠노라고 자청했다. 소년 복태의 서울 생활은 그렇게 시작됐다.

추운 겨울에 구두를 닦느라 복태의 손등은 부르터서 피가 나곤 했다. 손톱 사이에 낀 구두약이 창피해 손을 호주머니에 넣고 다니다가 빙판에 미끄러진 적도 많았다. 버스에 타서도 손톱의 구두약 때가 보일까 봐 손잡이를 제대로 잡지 않아 급정차할 때마다 넘어지는 일이 일상이었다. 하지만 시골에서 논밭을 매던 부지런함으로 서울 객지 생활을 그럭저럭 잘 버텨 냈다.

복태는 매번 큰 목소리로 "안녕하십니까, 날씨가 쌀쌀한데 제게 구두를 맡겨 주시면 광이 나도록 닦아 드리는 것은 물론이거니와 손님의 기분까지도 환하게 만들어 드리겠습니다"라고 말한 다음 최선을 다해 구두를 닦았다. 실력 있고 인사성 밝은 그를 찾는 단골 손님이 점점 늘었다. 주위에서는 성실한 학생이라는 칭찬이 자자했다.

그뿐 아니라 복태는 하루라도 빨리 돈을 벌어야겠다는 생각으로 새벽 3시에 일어나 졸린 눈을 비비며 신문을 돌리고 우유 배달도 했다. 알뜰히 돈을 모아 시골의 형제들에게 도움이 되리라는 부푼 기대로 한시도 쉬지 않고 일했다. 이렇게 열심히 생활하는 복태의 모습을 유심히 지켜보던 사람이 있었는데, 바로 양복점 사장이었다. 어느 날 그가 복태를 불렀다.

"자네, 나하고 일해 볼 생각 없나?"

제안을 받은 복태는 밖에서 구두를 닦으며 추위에 떨었던 시간이 생각나는 듯 눈물을 주르륵 흘렸다. 무엇보다도 따뜻한 실내에서 일할 수 있게 됐다는 것이 너무나 기뻤다. 구두닦이에서 양복 기술자로 직업을 바꾸게 된 순간이었다.

실내에서 일하면서 몸은 따뜻해졌지만, 처음 하는 바느질과 가위질로 복태의 손가락은 멀쩡한 날이 하루도 없었다. 재단 가위가 워낙 잘 들어서 하마터면 손가락이 잘릴 뻔한 적도 있었다. 몸 여기저기에 피멍이 들 정도로 열심히 일해도 여전히 더딘 손과 서툰 바느질 때문에 양복점 사장에게 무수히 꾸지람을 들었다.

"그 정도도 못할 거면서 무슨 낯짝으로 양복점에 오겠다고 한 거야?"

"눈치껏 배우고 익혀야지, 그리 손이 더뎌서 언제 재단을 배우냐?"

멋진 재단사가 되어서 빨리 서울 생활에 적응하고픈 마음이 가득했지만, 현실은 가혹하고 사람들은 냉담했다. 아무리 열심히 살아도 녹록지 않은 서울에서는 가난한 생활을 벗어나기 힘들었다. 결국 그는 군에 입대하기로 마음먹었다. 지금의 생활을 접고 새로운 탈출구를 찾아야겠다는 생각으로 내린 결정이었다. 소년 복태를 김복태 사장으로 만들어 준 '절호의 기회'가 그곳에서 기다리고 있을 줄은 아무도 몰랐다.

운전이 인생을
바꾸다

"운전할 수 있는 사람 손 들어!"

"이병 김복태, 제가 운전할 수 있습니다."

"그래? 몇 종 면허가 있는가?"

"네, 5종 면허를 가지고 있습니다."

"고향이 어디길래 5종 면허가 있나?"

"전라노에서는 5종까지 운전면허가 있습니다."

김복태 이병은 자신의 입에서 나오는 말을 스스로 통제할 수 없었다. 거짓말이 한번 시작되자 안절부절못하면서도 계속해서 아무 말이나 지껄였다. 결국 선임이 운전을 해 보라고 했을 때는 얼굴이 하얗게 질렸다. 하지만 운전만이 자신의 살길이라 생각했기에 이 기회를 놓칠 수 없었다. 그는 선임 운전병에게 매달렸다.

"사실 운전할 줄 모릅니다. 저 좀 살려 주십시오. 운전을 꼭 배우고 싶습니다."

그러면서 군대 가기 전에 어머니가 챙겨 준 500원을 슬쩍 건넸다. 당시 짜장면 한 그릇이 500원 정도였다고 하니 한 끼 식사로 과외 수업비를 낸 셈이었다. 복태의 딱한 사정을 알게 된 선임 운전병은 흔쾌히 운전을 가르쳐 주었다. 복태의 인생에 새로운 날개를 달아 준 것이다.

운전병이 되면서 복태의 운명은 바뀌었다. 운전대를 잡아 본 적도 없으면서 운전할 수 있다고 용감하게 손을 들었던 것이 오늘날 인천 택시 업계의 왕으로 성장하는 발판이 됐다.

운전을 할 수 있다는 것은 행운이었다. 그는 군대에서 쌓은 운전 실력 덕분에 제대 후 택시 기사로 쉽사리 취직했다. 몇 년이 지난 다음에는 무사고 운전 경력으로 개인택시 자격증을 받을 수 있었다. 서울역 앞에서 온종일 추위에 떨며 구두를 닦았던 기억이 주마등처럼 흘러갔다. 택시 안은 온전한 자신의 공간이었다. 더는 추위도 꾸지람도 없었다.

그는 여기서 멈추지 않았다. 당시에는 28만 원이면 차 한 대를 살 수 있었는데, 택시 운전을 하면서 모은 돈으로 차를 한 대씩 늘리고 기사를 뽑았다. 차를 한 대 사들일 때마다 사람을 한 명 더 뽑을 수 있다고 생각하니 돈을 모으는 목적이 더욱 뚜렷해졌다.

차가 점점 많아지고 식구 같은 기사들이 늘어나면서 마침내 1969년 2월 동일운수를 설립했다. 이어서 1979년 9월에는 삼우운수도 설립할 수 있었다. 전라도 남원 출신 산골 소년이 택시 회사 사장님이 된 것이다.

인천에서 자리를 잡은 동일운수와 삼우운수는 계속해서 성장해 나갔다. 이후 그는 동일운수 145대, 삼우운수 85대, 검단교통 77대 등 총 307대의 차량을 보유한 인천 최대 택시 합자회사의 사장이 됐다. 먹고살기 위해 무작정 서울로 상경했던 어린 소년이 상상해 본 적도 없는 성공이었다.

직원의 마음을 어루만지는 CEO

택시에 탄 손님을 안전하게 목적지까지 데려다주는 것이 택시 기사의 임무다. 하지만 목적지에 도착하기 전까지 기사들은 각종 위험에 노출된다. 그러니 일하는 내내 긴장할 수밖에 없다. 때로는 친절하지 않다고 신고가 들어오고, 가끔은 분풀이 당하듯 승객에게 심한 욕을 듣는다. 그러면 기사도 사람인지라 욱하고 성질을 내며 대거리하기도 한다. 김복태 대표는 한밤중에 기사들이 경찰서에 있다는 전화를 받고 가슴이 덜컥했던 적이 한두 번이 아니다. 그래서 김 대표는 늘 '오늘도 무사히'를 되뇌며 무사고를 기원한다.

각종 사고를 예방하기 위해서는 기사들의 화나고 속상한 마음을 미리미리 진정시키고 달래 주어야 한다. 김 대표가 수시로 기사들을 만나 식사도 하고 술도 한잔하면서 어깨를 두드려 주는 이유다. 거칠기로 소문난 택시 기사들과 화합하는 일은 쉽지 않다. 그래서 그는 체육대회도 열고 회식 자리에도 빠지지 않으며 노력한다.

김 대표의 회사에는 노조가 없다. 노조가 없다고 하니 기사들의 권리가 지켜지지 않고 노사 갈등이 심각한 건 아닌지 우려되지만, 실상은 그 반대다. 김 대표의 회사에는 설립 때부터 동고동락해 온 기사가 많다. 그들이 지금껏 노조를 만들지 않았다. 굳이 만들 필요가 없었다는 표현이 더 정확할 것 같다. 김 대표가 기사들의 고충을 잘 헤아려 주는 사람이라는 걸 익히 알기 때문이다. 혹시나 노사 간에 문제가 발생할 듯한 낌새가 보이기라도 하면 김 대표가 먼저 나서서 신속하게 처리하기에 일이 더 커지지 않는다.

김복태 대표가 운영하는 택시 회사는 부침이 잦고 이동이 많은 택시 업계에서는 드물게 이직률이 매우 낮다. 그는 신사옥을 지으면서 서른다섯 명가량이 머물 수 있는 숙소를 마련했는데, 그 덕분인지 삼우운수의 가동률은 95퍼센트에 달한다. 잠자고 있는 택시가 거의 없다는 뜻이다. 기사 회전율은 100퍼센트로, 정차한 택시를 찾아볼 수 없다. 기사의 몸과 마음 상태가 편안해야 안전 운전이 가능하고 손님에 대한 서비스가 좋아진다는 것을 누구보다 잘 아는 김 대표다.

김 대표는 자신의 어려웠던 시절을 떠올리며 직원 한 사람 한 사람에게 관심을 두고 안부를 살핀다.

"요즘 큰아들은 잘 크고 있나, 학교는 들어갔고?"

"아프다는 아내는 좀 나아졌는가?"

"잠자리는 편하고 따뜻한가? 어려움이 있으면 언제든 이야기하시게."

"오늘은 운전 안 하고 쉬는 날이니 나랑 한잔하세."

"이 시간에 밥 안 먹고 뭐 하고 다니는 거여. 먹어야 힘내서 일하지."

인사로 늘 "밥 먹었느냐?"라고 묻는 김 대표는 지난 시절 굶주림으로 배를 움켜쥐었던 자신의 처지를 잊지 않고 직원들의 식사를 챙긴다. 이런 마음 씀씀이에 감동한 기사들에게 애사심이 생겨나는 것은 자연스러운 일이다.

위기를 기회로
삼다

김 대표에게도 위기는 있었다. 지금은 많은 사람이 카드로 택시비를 내지만 예전에는 모두 현금 결제였기에 기사들이 매일 내는 사납금 또한 현금으로 입금됐다. 그런데 믿었던 재무 담당자가 그 돈을 모두 횡령해 달아나는 일이 벌어졌다.

재무 담당자는 회사의 심장과도 같다. 심지어 회사 설립 때부터 함께 일구어 온 사이였기에 '나에게 어떻게 이럴 수 있을까' 하는 회의감마저 들었다. 김 대표는 사람을 좋아하고 사람과 어울리기를 무척 즐기던 경영자였는데, 신뢰가 무너지자 사람에 대해 환멸이 생길 정도였다고 고백하기도 했다. 훌훌 털고 다시금 일어서서 회사를 제자리로 돌리는 데는 상당한 시간이 걸렸다.

회삿돈을 횡령한 책임은 경영자에게도 전가됐다. 국세청에서 조사가 나와 엄청난 금액의 세금을 내고 상상을 초월한 액수의 벌금을 물었다. 김 대표는 믿었던 직원에 대한 배신감이 컸음에도 그에 대해 선처를 구했다. 책임을 통감하며 법적인 문제를 해결하는 과정에서 그는 이제까지 알던 것과 다른 세상을 경험했다고 한다.

이 일을 계기로 김 대표는 재무와 총무를 분리하여 회사를 운영하기 시작했다. 사람이 아니라 시스템으로 회사가 운영되도록 업무 분장을 한 것이다. 꽤 쓰라린 사건이었지만, 이를 통해 김 대표는 회사 경영에 관한 지혜를 얻고 새로운 도약의 기틀을 마련할 수 있었다. 회사가 성장하는 과정에서 겪은 어려움을 전화위복의 기회로 삼았다. 그 결과 김복태 대표는 2016년 1월 22일 마침내 동일운수 신사옥 준공식을 했다. 이때 기쁨을 나누기 위해 쌀 화환 1,370킬로그램을 어려운 이웃에게 기부하기도 했다.

그에게 사람이 몰리는 이유

정 많고 능력 있는 김복태 대표에게 사람이 몰리는 것은 당연하다. 게다가 그는 타고난 이야기꾼이다. 관찰력과 기억력, 그리고 전달력이 뛰어나 과거의 일을 마치 지금 눈앞에서 일어나는 것처럼 그대로 재현한다. 거기에 특유의 표정과 입담으로 좌중을 집중시키는 힘이 엄청나다. 한번은 수업 후 뒤풀이에서 이런 적도 있었다.

김 대표는 자신의 회사에서 조랑말 한 마리를 키우고 있었는데, 그 조랑말이 나이가 들어 이빨이 부실해졌다고 했다. 그래서 치과 의사인 원우에게 물었다.

"조랑말도 임플란트 할 수 있나요?"

"네?"

치과의사 원우는 황당해하며 대꾸했다.

"할 수 없습니다."

그러자 김 대표가 이야기했다.

"왜요? 사람이나 조랑말이나 똑같은 동물인데……. 치과의사에게는 사람이든 말이든 이빨 고치는 건 같은 거 아닌가요?"

치과의사 원우가 난감해하자, 김 대표는 사람 좋은 웃음을 지으며 천연덕스럽게 말했다.

"그러니까 내 소중한 말도 임플란트 좀 해 줘요."

이처럼 김 대표는 가벼운 소재 하나로도 모임의 분위기를 활기차게 한다.

또 새해가 되면 원우들은 어김없이 김 대표에게 세뱃돈을 받는다. 사회적 지위를 막론하고 연장자인 제일 큰 형님이 주는 이른바 '깔깔 세뱃돈' 1,000원이다. "새해 복 많이 받고 만수무강하시게"라며 건네는 새 돈을 통해 후배에 대한 김 대표의 남다른 사랑을 엿볼 수 있다.

작은 일이라도 한번 시작하면 애정을 갖고 정성을 쏟는 그의 손길은 사람들의 기억에 오래도록 남는다. 김복태 대표의 이런 진정성은 후배들이 인생의 지침으로 삼을 만하다. 세대를 넘나들며 자연스럽게 어우러지는 그를 좋아하지 않는 사람은 없다. 거친 택시 업계에서도 들쑥날쑥한 기사들의 목소리에 세심하게 귀 기울이던 김 대표다. 지원 동기에 썼던 '좋은 인간관계'를 그는 이미 삶에서 실천하고 있었다.

몇 년 전 신사옥 준공식에 초대받아 갔을 때는 바다의 고장답게 싱싱한 횟감과 집밥 느낌 물씬 나는 음식을 정성껏 준비해서 손님을 맞이하는 김 대표를 만날 수 있었다.

"존경하는 선생님, 차린 건 없지만 많이 드시고 건강하십시오."

여전히 한결같은 진심이 담긴 인사였다.

"우리 선상님이 요즘 입맛이 없으신지 술도 잘 못 드시네. 뭘 더 드릴까요?" 하면서 한잔 술을 건네는 목소리에는 정겨움이 묻어났다.

그는 어떤 사람을 만나도 거리낌 없이 먼저 악수를 청하고, 손을 잡을 때는 반드시 눈 맞춤을 한다. 세련되지는 않았지만 소박한 정성을 다해 사람을 대하는 진솔한 성격을 엿볼 수 있다. 그 안에 담긴 마음을 읽은 사람들이 계속해서 김복태 대표 주변에 모여든다.

초등학교도 제대로 졸업하지 못했다는 그에게서 못 배운 흔적 같은 건 찾아볼 수 없다. 경험에서 우러난 태도와 성품은 주변인에게 교과서보다 더 올바른 본이 되고 표상이 됐다.

김 대표는 지금도 누군가에게 잔술을 권하며 천진난만한 까까머리 소년처럼 해맑게 웃고 있을 것이다.

5분의 기적

마콘컴퍼니 **이화진** 대표

마콘컴퍼니는 2002년부터 병원 피부과를 상대로 온라인 마케팅 서비스를 시작했다. 창립 첫해부터 쉴 새 없이 밀려오는 일거리로 '대박'을 터뜨렸고, 이러한 성공 행진은 몇 년간 계속됐다. 순조로운 출발이었다. 이화진 대표는 자신감이 넘쳤고, 직원들의 사기는 치솟았다.

그런데 자만했던 탓일까. 이 대표는 시장 트렌드를 파악해 변화해야 하는 시점을 놓쳤다는 사실을 뒤늦게 깨달았다. 배너 광고에만 주력하다가 검색 광고로 시장이 바뀌는 것을 인식하지 못했다. 그는 바이럴 마케팅이나 기업 맞춤형 기획안 등을 제안하며 새로운 판로를 개척하기 위해 동분서주했다. 하지만 때는 이미 늦어 버렸고, 결국 회사 재정에 빨간불이 들어왔다.

이 대표는 어쩔 수 없이 임대료가 싸고 주변 환경이 열악한 곳으로 회사를 이전했지만 급여마저도 밀릴 때가 많았다. 상황이 악화되자 직원들은 하나둘 회사를 떠나기 시작했다.

그렇다고 마냥 손 놓고 있을 수는 없었다. 이 대표는 끊임없이 돌파구를 찾기 위해 노력했다. 연줄이 없는 기업에 무턱대고 찾아가 마케팅 제안서를 들이밀어 보기도 하고, 어떤 일이든 만들어 내기 위해 기업들을 설득하기도 했다. 하지만 회복의 가능성은 보이지 않았다. 이 대표는 점점 초조해졌다. 그러다 보니 그나마 남아 있는 직원들을 닦달하는 날이 많아졌다.

롤러코스터를 탄 것 같은 하루

"기업 기획안을 만들어서 온종일 다리품을 팔아도 시원치 않을 판에 지금 다들 안에서 뭣들 하는 거야!"

"준비하고 있습니다만, 좋은 아이디어가 잘 나오지 않습니다."

"그 정도로 해서 기업들 맘에 들겠어? 그들 입장에서 돈 주고 홍보해야겠다는 마음이 들게끔 해 보라고!"

회사 분위기는 갈수록 냉랭해졌다. 이 대표 또한 직원들이 자신의 마음을 몰라주는 것 같아 야속함이 커졌다.

"은행 기획안을 만들었으면 오늘이라도 당장 담당자를 찾아가야 지!"

"지금 회사의 사활이 걸렸는데 그렇게 멍하니 있을 시간이 있어?"

아무런 인맥도 없는 기업에 찾아가 제안서를 보여 주고 설득하는 것은 무모한 방법이었다. 하지만 달리 방도가 없었다. 이 대표와 직원들은 10개월 동안 무려 300군데가 넘는 기업을 찾아갔다. 물론 문전박대를 당하기 일쑤였다. 이에 굴하지 않고 계속 문을 두드렸지만 어디에서도 연락이 오지 않았다.

'죽을 만큼 최선을 다해도 안 되는 것이 있구나.'

이 대표는 자신의 처지를 한탄했다. 한 치 앞을 알 수 없는 망망대해를 떠도는 배와 같은 회사의 앞날을 생각하니 잠도 오지 않았다. 매일 새벽 산책을 하고 주말이면 등산을 하면서 고통스러운 시간을 버텼다. 그러면서도 자신에게 끊임없이 희망을 불어넣었다.

'나는 할 수 있어! 마콘컴퍼니는 살아날 거야.'

'어떻게 여기까지 이끌어 온 회산데, 이렇게 끝낼 순 없어. 조금만 더 참으면 물꼬가 트일 일이 생길 거야.'

하지만 '폐업'이라는 단어를 되뇔 수밖에 없는 어려운 상황이 이어졌다. 언젠가부터 인사하는 직원들의 눈을 제대로 바라보지 못했다. 이 대표에게는 가족이나 다름없는 이들을 볼 면목이 없었기 때문이다. 직원들에게 딸린 식구까지 생각하면 눈앞이 아찔했다.

마콘컴퍼니를 창립했던 2002년부터 그때껏 같이했던 직원들이 하나둘씩 이 대표의 머릿속을 스쳐 지나갔다. 동지애로 뭉쳐 여기까지 함께해 온 직원들에게 회사의 상황을 이야기하려니 가슴이 저미는 듯했다. 하지만 더는 버틸 힘이 없었다. 결국 이 대표는 직원들에게 회사 사정을 솔직히 이야기하고 마콘컴퍼니를 폐업해야겠다고 마음먹었다.

이 대표는 직원들을 저녁 6시까지 남한산성 백숙집으로 오도록 했다. 마지막 식사 자리였다. 그는 직원 한 명 한 명에게 다가가 술을 한 잔씩 따라 주며 고마움을 전했다.

"김 부장, 그동안 힘들었을 텐데 여기까지 같이 와 줘서 정말 감사해요."

"최 대리, 부족하고 성질 고약한 나와 함께해 줘서 고마워."

이 대표의 진심 어린 한마디 한마디에 직원들은 모두 눈시울을 붉혔고, 그 역시 코끝이 찡해졌다. 그때였다. 이화진 대표의 휴대폰 벨 소리가 울려 퍼졌다.

중요한 것은 바로
이 순간

"네, 이화진입니다."

"지난번 저희 회사에 제출하신 제안서가 채택됐습니다. 저희가

급해서 그러니 내일이 주말이긴 하지만, 회사로 오셔서 제안서 내용을 구체적으로 논의했으면 합니다."

무작정 다리품을 팔아서 바이럴 마케팅을 제안했던 곳 중 하나인 대기업 건설사에서 온 전화였다. 실낱같은 희망이 기적처럼 다가온 것이다. 이 대표는 직원들에게 말하려던 '폐업'이라는 단어를 다시 집어삼켰다. 그날의 식사가 마콘컴퍼니의 폐업을 발표하기 위한 자리였다는 것을 직원들은 나중에서야 알았다. 이 대표는 회사의 어려움을 끝까지 혼자서 안고 가려고 했다.

다음 날 직원들과 함께 그 기업을 찾아가 프레젠테이션을 했다. 그리고 극적으로 계약이 성사됐다. 나중에 알고 보니 담당자가 이 대표와 초등학교 동창이었다.

이 대표가 제안한 마케팅 덕분에 아파트 분양이 성공적으로 이루어졌다는 입소문이 건설 업계에 돌기 시작했다. 소문은 곧 건설 업계를 넘어 증권 업계, IT 업계, 그리고 관공서까지 확장됐다. 맨땅에 헤딩하는 마음으로 기업체에 뿌렸던 제안서가 10개월 만에 봇물 터지듯 일거리가 되어 도미노처럼 연달아 들이닥쳤다.

지금도 이 대표는 어려웠던 시절을 함께한 실장과 산에 오르며 그때를 회상하곤 한다. 폐업을 입 밖으로 꺼내기 직전, 전화 한 통으로 모든 것이 뒤바뀐 그 짧은 시간은 절대 잊지 못할 '5분의 기적'이었다. 끈질기게 헤쳐 나가려 했던 시간에 대한 보답으로 하늘이 내려 준 선물 같았다.

이 대표는 회사의 어려움에 공감하며 옆에서 힘이 된 실장에게 특별한 선물을 선사했다. 실장이 광고홍보 전공으로 대학원에서 공부할 수 있게끔 학비를 지원한 것이다. 회사가 가장 힘들었을 때 버팀목이 되어 준 것에 대한 고마움의 표시였다. 이 대표는 회사의 발전만큼 개인 또한 성장하기를 바라는 현명한 경영자다.

몇 해 전 이 대표는 베트남행 비행기에 몸을 실었다. 회사가 한창 정신없이 바쁠 때였지만, 절체절명 위기의 순간에 기사회생할 수 있게 도와준 바로 그 대기업 건설사의 초등학교 동창을 만나러 갔다. 동창은 베트남으로 근무지를 옮겨 그곳의 아파트 분양을 담당하고 있었다. 이 대표는 친구를 만나 그때의 고마움을 선물과 함께 다시금 전했다.

가끔 필자는 이 대표와 점심을 먹으면서 "이런 모임을 한번 만들어 보면 어떨까?" 제안하곤 하는데, 그럴 때마다 그는 다음 날 바로 모임을 만들어 낸다. 생각한 바를 즉시 실행으로 옮기는 사람이다. "언제 같이 밥 한 끼 먹자"는 빈말은 통하지 않는다. 상대가 밥 먹자고 이야기를 꺼내는 순간 일정을 확인하고 약속을 정한다.

이 대표의 실천력을 보여 주는 일화가 또 하나 있다. 그는 곧 회사를 정리하고 해외로 떠나려는 한 중소기업 대표를 만나서 사정을 듣더니 마찬가지로 해외에 갔다가 다시 돌아온 선배의 이야기를 속사포처럼 쏟아 냈다. 그래도 안 되겠다고 생각했는지 이야기 속 선배에게 전화해 약속을 잡았다. '바로 이 순간'이 얼마나 중요한지 경험으로 알고 있었기 때문이다. "생각을 많이 한다고 답이 나오지는 않는다. 실행하면 후회가 없고, 만약 실패하더라도 다시 실행할 기회가 온다"는 것이 이 대표의 지론이다. 그는 성공하든 실패하든 우선 생각을 실천으로 옮기는 일이 중요하다고 판단했다. 선배와의 약속도 그렇게 이루어졌다.

결국 이 대표와 이야기를 나눈 중소기업 대표는 한국에 남기로 했다. '실천이 최선'이라고 믿는 이화진 대표는 근성과 패기를 두루 갖춘 리더다.

친화력으로 신뢰를 쌓다

이화진 대표는 마콘컴퍼니를 창업했을 때부터 8년 동안 다양한 최고위 과정에 등록해 매주 수업을 들었다. 경영학원론, 조직론, 행동론, 해외 유명 비즈니스 스쿨 저널 등의 이론 공부도 했지만 경영 현장에 관해 실질적인 조언을 해 줄 수 있는 멘토 선배를 만난 것이 더 큰 수확이었다.

이 대표는 회사 경영의 밑거름이 되는 이론 수업뿐만 아니라 경영자로서 현장의 리더들과 꾸준히 교류하는 것 또한 중요한 공부로 여겼다. 사람과의 관계 속에서 모든 연결 고리가 만들어진다고 믿었기 때문이다. 그는 무려 여섯 군데의 최고위 과정을 다니면서 실무 능력을 키우고 사람을 중시하는 법을 배우며 더욱 성장했다.

최고위 과정에서 원우회 모임을 하면 이 대표는 어김없이 총무를 맡았다. 그는 모임의 첫 뒤풀이에서도 어색함 없이 분위기를 주도한다. 에너지도 엄청나다. 에너지가 좋은 사람은 하고자 하는 일도 척척 해낸다. 그래서 이 대표의 회사는 승승장구 중이다.

실천가형인 그는 사람을 보는 감각도 뛰어나다. 언홍인의 밤(연세대 언론홍보대학원 연말 행사) 시상식에서 '동문 최고 추천상'을 받을 정도로 매 학기 한두 명의 신입 원우를 꾸준히 추천했다. 필자에게 최고의 선물은 과정에 등록할 사람을 추천해 주는 것인데, 이 대표는 한번 얘기를 나누면 그 약속을 어김없이 지켰다.

좋은 사람을 추천받기 위해서는 선행되어야 할 것이 있다. 바로 추천해 주는 사람에 대한 신뢰다. 신뢰가 쌓여 있어야 기꺼이 좋은 사람을 추천받을 수 있다. 이 대표가 바로 그런 사람이다.

이 대표는 서로 알고 지내면 좋겠다고 생각하는 이들이 있으면 얼굴을 트게 하는 자리를 반드시 마련한다. 믿음이 있기에 사람들은 그 만남을 기대한다. 덕분에 이 대표를 통한 지인 추천은 수월하게 이루어진다.

이 대표는 재빠르게 약속을 잡아 알려 준다. "어떤 일을 하는 어떤 성향의 사람이다"라는 식의 구구절절한 설명은 하지 않는다. "○○ 대표와 만나기로 했으니 그날 시간 비워 줘요"라면서 연락해 오는 식이다. 전화 한 통에 꼼짝없이 약속 장소에 나타난 사람들은 이 대표에 대한 믿음으로 70퍼센트 정도 마음이 기운 상태에서 필자의 설명을 듣고 나머지 30퍼센트의 결심을 채운 다음 모두 과정에 등록했다. 각종 모임에서 친화력으로 신뢰를 쌓아 온 이화진 대표의 영향력은 이렇게 발휘된다.

실천하는 리더가
되다

이 대표는 거리낌 없이 자신의 이야기를 하는 사람이다. 스스로 자신을 끄집어낼 줄 아는 사람은 진정한 프로다. 그래야 발전할 수 있고 경영자로서 고립되지 않는다.

회사의 아주 사소한 부분부터 중요한 정책 결정에 이르기까지 경영자의 판단이 필요한 순간은 수없이 많다. 그럴 때마다 회사 상황을 객관적으로 파악하는 것이 중요하다. 내부 인사나 지인 등에게 냉정한 의견을 구해도 좋다. 하지만 그건 쉽지 않다. 경영자가 회사 상황을 공유한다는 것은 자신의 전부를 공개하는 일과 마찬가지이기 때문이다. 그래서 경영자는 외롭다.

그렇다고 경영자가 모든 것을 떠안고 혼자 결정하려 해서는 안 된다. 직원과 가감 없이 소통하는 것은 물론이고 동종 업계 사람과도 스스럼없이 현 상황을 공유해야 한다. 다른 사람의 목소리에 귀 기울이고 자신을 돌아볼 줄 아는 경영자는 변화를 두려워하지 않는다. 그렇게 인간관계에 신뢰가 쌓이면 도움을 구하는 것이 수월해질

뿐만 아니라 도움을 요청받는 일이 생기기도 한다. 그럼 이 대표 또한 기꺼이 도움을 내어 준다. 이러한 사람 중심의 경영이 위기를 극복하는 데 큰 힘이 됐다.

이 대표는 사업하는 사람에게는 골프가 필수라는 선배의 말에 따라 일주일에 두세 번 레슨을 받았다. 꼬박 4년을 레슨받고 라운딩 후에는 바로 연습장을 찾을 정도로 부지런하게 골프를 익혔다. 그의 골프 실력은 싱글 수준이다. 평균 80~85타 핸디를 유지한다. 여자라고 어설프게 치는 것보다 확실히 잘하는 게 훨씬 이롭다는 선배의 조언에 따른 결과다. 자신이 모르는 분야에 관한 가르침은 그대로 받아들여서 성실하게 실천하는 것이 그의 강점이다. 옳다고 생각하는 일은 어떤 군더더기도 없이 행동으로 옮긴다.

이화진 대표는 자신을 가꾸는 일 또한 게을리하지 않는다. 한 회사의 대표이다 보니 저녁 자리를 피하기가 쉽지 않은데, 칼로리 높은 식사를 마다할 수 없는 대신 전문 트레이너에게 운동을 배우면서 철저히 관리한다.

실천하는 리더로서 다양한 활동을 하고 타인의 어려움을 보면 언제든 나서서 도움을 주기 위해 노력하는 이 대표는 그래서 늘 바쁘다.

배움엔 끝이 없다

지비스타일 박용주 회장

드르륵. 누군가 강의실 문을 열고 들어왔다. 그 순간 이미 자리에 앉아 수업을 기다리던 사람들의 시선이 모두 문 쪽으로 향했다. 그리고 잠시 후 사람들은 일제히 박장대소를 터뜨렸다. 한 사람이 양손에 쇼핑백을 들고 서 있었는데, 그 쇼핑백 밖으로 무 꼬랑지들이 삐죽 나와 있었다.

"별거 아니지만 무를 좋아하신다고 해서 농사지은 거 몇 개 들고 왔어요."

언젠가 전화 통화를 하면서 주말농장에 가서 무를 캔다는 말에 필자가 "제가 무를 진짜 좋아하거든요. 혹시 남는 것 있으면 하나 가져다주세요"라고 농담조로 했던 말을 잊어버리지 않고 챙겨 온 것이다.

쇼핑백에 무를 한가득 담아 강의실로 가져올 거라고 누가 상상이나 하겠는가? 필자 또한 전혀 예상치 못한 광경에 절로 웃음이 빵 터졌다. 얼굴에 환한 미소를 띄우고 초승달 눈을 한 채 양손에 쇼핑백을 들고서 강의실 문을 들어서던 그의 모습이 아직도 눈에 선하다.

사소한 이야기 하나도 절대 허투루 넘기는 법이 없는, 이 따뜻한 마음의 소유자는 바로 지비스타일의 박용주 회장이다. 인자한 미소를 지으며 상대방의 말에 주의를 기울이는 모습을 떠올리면 순진하고 어수룩한 시골 청년이 연상된다.

박 회장의 세심함은 자신의 사업인 유·아동 내의를 만들 때도 그대로 드러난다.

유·아동 내의 시장에
뛰어들다

소년 칠구는 중학교를 졸업하자마자 당시 섬유 도시로 유명했던 대구의 한 공장에 취직했다. 집이 가난했던 탓에 어쩔 수 없는 선택이었다. 아버지가 하던 의류 사업을 큰형님이 이어받아 운영하다가 부도를 냈고, 그 충격으로 아버지가 돌아가신 직후였다.

자신이 아버지의 일을 이어서 해야겠다고 결심한 칠구는 대구에서 속옷 장사를 시작했다. 그리고 몇 년 후 서울로 상경했다. 서울에서 유·아동복 사업을 해야겠다고 마음먹었기 때문이다.

그러던 어느 날 집에서 TV를 보는데, 미키마우스가 나오는 만화영화가 방영됐다. 만화 속 미키마우스에 열광하는 아이들을 보면서 박칠구 회장은 '어린이 속옷에 디즈니 캐릭터를 적용해야겠다'는 생각을 번뜩 떠올렸다. 그는 곧바로 미국행 비행기에 몸을 실었다. 캘리포니아에 있는 월트디즈니사를 찾아가기 위해서였다.

미국 본사와 몇 차례의 협상 끝에 마침내 디즈니 캐릭터 라이센스 계약을 따냈다. 디즈니 캐릭터가 그려진 유·아동 내의는 날개 돋친 듯 팔려 나갔다. 이를 계기로 회사는 3년 동안 급성장했다. 하지만 그것도 잠시였다. IMF 외환위기 직전 국내의 한 대기업이 자본력을 앞세워 디즈니 캐릭터 라이센스를 가져가는 고비가 찾아왔다.

디즈니 캐릭터 속옷을 판매할 수 없게 되자 회사 부도도 남의 얘기가 아닌 것 같았다. 박 회장은 대기업의 자본에 밀렸다는 절망감에 빠져 사업을 접어야 하는 것인지 고민하기도 했다. 하지만 그는 위기를 기회로 삼았다.

'아무리 좋은 캐릭터라도 내 것이 아니면 안 된다. 자체 브랜드가 없으면 위기는 또 올 수 있다.'

박 회장은 자체 브랜드를 만들기 위해 밤낮없이 작업에 몰두했다. 캐릭터가 예쁘다고 곧바로 속옷에 적용할 수는 없었다. 눈으로 봤을 때와 직접 속옷에 입혔을 때가 다르기 때문이었다. 그는 포기하지 않고 수십 번 만들고 또 만들었다. 그렇게 집념과 끈기로 개발한 캐릭터가 드디어 완성됐다. 그것이 오늘날 '무냐무냐' 브랜드의 탄생이다.

박 회장은 자체 브랜드 개발에 성공하자 품질 개선에도 박차를 가했다. 아토피로 고생하는 아이를 둔 엄마들의 고민을 반영하여 천연 소재의 속옷을 만들었다. 자체 브랜드와 천연 소재로 무장한 무냐무냐는 백화점에 들어가게 됐고, 얼마 지나지 않아 엄마들 사이에 입소문이 나면서 전국의 백화점에서 먼저 입점 요청을 해 오기 시작했다.

회사는 몇 년 사이 매출이 두 배 이상 늘었다. 위기의 순간에도 좌절하지 않은 덕분이었다. 박 회장은 자신이 만든 내의를 입고 집 안에서 신나게 뛰노는 아이들의 모습을 상상했다. 아이들이 좋아할 만한 디자인을 끊임없이 생각하고 자체 브랜드를 만들기 위한 노력을 계속했다. 국내 최초로 세운 브랜드 디자인 연구소에서는 지금도 개발이 한창이다.

최근 박 회장의 최대 관심사는 해외 진출이다. 그는 여러 차례 시행착오를 겪으며 상하이에 법인을 설립하고 주요 백화점에 입점하는 등 중국 전역에서 인지도를 확장했다. 아이들에게 품질 좋은 대한민국의 내의를 입히겠다는 신념 아래 무냐무냐는 전 세계로 퍼져 나가고 있다.

박 회장은 수업 중 〈6분 스피치〉 시간에 자신의 이런 이야기를 들려주었다. 그러자 같은 기수의 경향신문 기자가 박 회장의 진솔한 이야기를 기사로 싣고 싶다고 제안했다. 난관을 극복하고 재기에 성공한 사연을 감명 깊게 들은 것이다. 약 15년 전인 그때만 해도 신문에 개인의 기사가 실린다는 것은 여러 인맥을 통해서만 가능한 일이었다. 뜻하지 않은 인연이 기분 좋은 행운으로 이어졌다. 그렇게 박칠구 회장의 인생 이야기는 신문 한 면에 가득 실렸다.

인생의 두 가지
목표

박칠구 회장은 한국경영혁신중소기업협회 회장에 취임해서는 1만 5,000개 중소기업 대표들을 위해 5년 동안 매달 첫 번째 수요일마다 〈굿모닝 CEO 조찬 세미나〉를 운영했다. 살아오면서 늘 마음에 걸렸던 일을 실천한 것이다. 그건 바로 배움에 대한 갈증이었다.

박 회장은 중학교 졸업이 배움의 끝이었다. 집안 형편이 어렵기도 했지만, 목표한 것을 이루기 위해 공부를 잠시 뒤로 미룬 상태였다. 이 때문에 협회 회장직을 맡아 달라는 요청을 여러 차례 고사했다. 그러다가 고등학교 입학 검정고시에 합격한 후 협회 회장직을 받아들였다. 그런 다음 회원사들을 위해 교육 프로그램을 개발하고 글로벌 전문 기업 육성을 계획하는 등 다양한 배움의 기회를 마련했다.

"인생에서 두 가지 목표를 이루면 새로운 이름으로 살고 싶어요. 첫 번째는 매출 700억을 넘기는 것이고, 두 번째는 대학에 입학하는 것이죠."

박 회장은 평소 이런 말을 자주 했다.

그는 2015년에 750억 매출을 달성했다. 그리고 고등학교 졸업학력 검정고시에도 합격했다. 가슴에 사무치게 남아 있던 학력 콤플렉스를 극복하고 "고등학교를 졸업한 아버지"라고 당당히 말할 수 있게 된 것이다.

박 회장은 두 딸이 어릴 적 학교에 내는 가정조사서에 학력을 거짓으로 적었다고 고백했다. 딸들이 창피해할까 봐 차마 '중학교 졸업'이라고 솔직하게 쓰지 못한 것이다. 고등학교 졸업 자격을 취득한 후 비로소 자식들과 지인에게 당당하게 말하게 된 것이 정말 기쁘다고 했다. 그는 고등학교 졸업 검정고시 합격과 더불어 기업인을 대상으로 한 특별전형을 통해 대학에도 입학했다.

두 가지 목표를 이루어 낸 박 회장은 부모님이 지어 준 이름 대신 자신이 지은 '박용주'로 개명했다. 일곱 번째 아들로 태어나는 바람에 칠구라는 이름을 얻고 자동차 번호판도 7979로 했을 만큼 애정을 줬지만, 인생을 다시 시작한다는 느낌으로 새로운 엔진을 달아 보자는 생각에서 큰 결단을 내렸다. 오랜 시간 회사를 운영하며 알게 모르게 지친 몸과 마음을 다시 정비하고 부드럽게 살아가고 싶다는 의미에서 '얼굴 용頌'에 '두루 주周' 자를 썼다.

한번 목표를 세우면 중간에 결코 포기하지 않는 박 회장은 이제 70세가 되면 철학 박사 학위를 받고 싶다고 한다. 이러한 근성이 그를 유·아동복 분야의 절대 지존으로 자리 잡게 한 것이 아닐까 싶다.

사람을 통해 에너지를 얻는다

박 회장은 사람을 아끼고 보듬으며, 사람을 통해 에너지를 얻는다. 한번은 이런 일이 있었다.

"와, 홀인원이다."

2006년에 박 회장은 생애 처음으로 홀인원을 했다. 뜻하지 않은 행운에 그의 얼굴에는 웃음꽃이 활짝 피어났다. 함께 골프를 쳤던 원우들이 홀인원을 하고 난 후에는 동반자들과 다시 골프도 치고 뒤풀이도 해야 한다고 일러 주었다. 박 회장은 그 말에 따라 골프 일정을 잡았다.

그리고 골프 약속 당일이었다. 박 회장은 갑작스레 사업 관련 미팅이 잡히는 바람에 약속을 지킬 수 없게 됐다. 하지만 그는 미팅이 끝나자마자 부랴부랴 골프장으로 향했다. 자신의 홀인원을 축하하러 와 준 사람들의 골프 비용을 내기 위해서였다. 돈을 내기 위해 그 먼 곳까지 왔다는 사실에 모두 놀랐다. 다들 사업하는 사람들이었기에 중요한 미팅이라면 충분히 이해하고도 남았을 텐데, 바쁜 와중에 시간을 내어 일부러 찾아온 마음 씀씀이가 무척 감동적이었다. 이야기는 여기서 그치지 않는다.

일행은 각자 이동해 박 회장이 뒤풀이 장소를 마련한 강남에서 다시 모이기로 했다. 박 회장 또한 한 원우와 함께 출발했다. 그런데 얼마쯤 가다가 세칭 '88고속도로(광주대구고속도로)'에서 문제가 생겼다. 기름이 떨어진 것이다. 설상가상으로 도로는 차량 정체로 꽉 막혀서 보험회사도 올 수 없는 상황이었다. 이때 갑자기 박 회장이 차에서 내렸다. 그러고는 도로 위를 냅다 달렸다. 주유소를 직접 찾아나선 것이다. 한참을 달려 겨우 주유소 하나를 찾았으나 이게 웬일인가.

"기름이 어떻게 사용될지 모르기 때문에 통째로 팔 수는 없습니다."

주유소 직원의 말에 박 회장은 순간 망연자실했다. 더군다나 기다리고 있던 원우의 핸드폰마저 전원이 꺼진 상태였다. 그렇다고 포기할 박 회장이 아니었다. 그는 근처 편의점으로 얼른 달려가 1.5리터짜리 생수를 몇 통 샀다. 그러고는 물을 다 버리고 거기에 기름을 담았다. 아쉬운 대로 일단 움직일 수 있을 정도의 기름이라도 사기 위해 묘책을 낸 것이다. 그걸 들고 왔던 길을 다시 되돌아 뛰기 시작했다. 그는 운전석에서 사라진 지 약 세 시간 만에 땀을 뻘뻘 흘리며 기름을 들고 돌아왔다.

"도대체 어디 갔다 오신 거예요?"

기다림에 지쳤던 원우는 박 회장을 보자마자 짜증을 냈다. 박 회장은 자초지종을 설명했고, 그제야 둘은 웃음보가 터졌다.

　이미 뒤풀이 장소에 도착했던 일행은 그들과 연락이 닿지 않자 무척 걱정하고 있었다. 혹시 사고라도 난 게 아닌가 싶어서 교통사고 접수처에도 연락해 보았다고 했다.

　땀에 흠뻑 젖은 채 겨우 뒤풀이 장소에 도착한 박 회장을 보고서야 비로소 모두 안심할 수 있었다. 우여곡절 끝에 제대로 홀인원 턱을 냈던 그날의 이야기는 두고두고 추억거리가 됐다. 일부러 찾아와 갖은 고생을 한 박 회장의 모습에 원우들은 다시금 감동했다.

　박용주 회장은 지금도 성장을 꿈꾼다. 매출 신장뿐만 아니라 국내 업체인 지비스타일을 세계적인 유·아동 속옷 브랜드로 성장시키겠다는 사명감도 가지고 있다. 그런 한편, '70세 철학 박사'라는 또 다른 꿈을 이루기 위해 대학교 공부를 다시 시작하기도 했다. 지금은 학부를 졸업하고 석사 과정을 준비 중이다.

　끊임없는 도전 정신으로 자신과의 약속을 지키기 위해 부단히 노력하는 박 회장의 우직함과 끈기는 많은 이들에게 표본이 되고 있다.

아줌마의 펜대

비젠마스터스 **이양희** 대표

펜은 자신과 소통하는 도구다. 펜으로 한 글자 한 글자 써 내려가면서 오늘 만났던 사람과의 소중한 순간을 추억하기도 하고 중요한 일을 곱씹어 보기도 한다. 그리고 이런 펜 중에서도 가장 으뜸인 것을 꼽자면 만년필을 들 수 있다. 오래전부터 만년필은 단순히 무언가를 쓰는 도구에 그치지 않았다. 상대에 대한 존경이나 관심을 표현하는 값비싼 선물로 인식됐다.

비젠마스터스 이양희 대표는 2003년부터 만년필을 포함해 해외에서 호평받는 다양한 필기구를 소개·판매하는 온라인 쇼핑몰 '베스트펜'을 운영하고 있다. 2008년에는 오프라인 매장도 오픈했다.

최고가 되고 싶다는
마음

이양희 대표는 대학 졸업과 동시에 결혼했다. 20대 초반에 불과했던 이 대표는 두 아이의 엄마이자 며느리로 결혼 생활을 해 나갔다.

시어머니뿐만 아니라 시할머니까지 모시고 사는 시집살이는 녹록지 않았다. 장손과 결혼한 탓에 맏며느리로 한 해에 수십 차례나 제사상을 차려야 했다. 이른 나이에 결혼하는 바람에 또래 친구들과는 생활환경이 달라져 만나는 일도 쉽지 않았다. 유일한 낙은 매일 밤 만년필로 일기를 쓰면서 자신과 대화를 나누는 것이었다.

숨 가쁘게 지나간 일상을 공유하는 만년필은 이 대표에게 무척 특별했다. 만년필은 친화력이 뛰어나지 않은 그에게도 좋은 친구가 되어 주었다. 주부로서의 일과를 마치고 책상에 앉아 사각사각 펜촉을 놀릴 때면 절로 미소가 지어졌다. 만년필에 관심과 애정이 가는 것은 당연한 일이었다. 밤마다 일기를 써 내려갔던 혼자만의 시간이 베스트펜을 만든 기틀이 된 셈이다. 그는 남편의 문구 사업을 도우면서 만년필 지식을 하나씩 쌓기 시작했다.

이 대표는 결혼 4년 만에 분가했다. 만년필과의 사적인 만남이 사업으로 전환된 계기가 찾아온 것이다. 그는 아이 방에 컴퓨터 한 대를 들여놨다. 그렇게 만년필 온라인 쇼핑몰을 운영하는 1인 기업가가 됐다.

창업을 결심했지만 은행 대출이 어려워 건강보험을 담보로 보험

회사에서 빌린 650만 원이 자본의 전부였다. 소액으로 시작하다 보니 주문이 들어올 때마다 제품을 조금씩 사서 직접 택배 배송을 했다. 주변의 반대도 만만치 않았다. 요즘 누가 만년필을 쓰냐는 것이었다. 하지만 의지를 굽히는 일은 없었다.

육아와 사업을 병행하면서 제삿날도 잊어버릴 정도로 눈코 뜰 새 없이 바쁘게 생활했다. 시댁에서는 "며느리 노릇도 제대로 못하면서 무슨 사업을 한다고 그러냐?"라며 타박하기 일쑤였다. 친정에서도 "먹고사는 데 지장이 있는 것도 아닌데 왜 사업을 한다고 고생이냐?"며 만류했다. 그때마다 이 대표는 주먹을 불끈 쥐면서 마음을 다잡았다. 주변의 반대가 오히려 만년필 업계에서 최고가 되겠다는 생각을 더욱더 굳건하게 했다.

만년필 매장을 차리다

사업을 시작한 이 대표에게는 새로운 꿈이 있었다. 강남 역세권에 만년필 전문 매장을 내는 것이었다.

이 대표는 해외 시장까지 꼼꼼하게 조사하면서 매장 오픈을 준비했다. 그리고 마침내 서울 강남구 역삼동에 국내 유일의 만년필 전문 오프라인 매장 '베스트펜'을 열었다.

주변의 우려대로 처음 1년 정도는 손해가 컸다. 하지만 그럴수록 이 대표의 의지는 강해졌다. 쇼핑몰로 벌어 놓은 돈을 매장에 쏟아부으며 빚만 지지 말고 버티자고 생각했다. 그러다 보면 인지도는 반드시 생길 것이라고 확신했다. 다행히 온라인 쇼핑몰이 여전히 안정적으로 운영되고 있었기에 한동안 임대료 걱정은 하지 않을 수 있었다.

이 대표의 예상은 적중했다. 얼마 지나지 않아 고객의 입소문과 필기구 동호회, 인터넷 카페 등을 통한 홍보에 힘입어 매장이 점차 알려지기 시작했다.

역삼동 만년필 전문 매장 베스트펜은 이름처럼 고객에게 최고의 만족을 제공하기 위해 노력한다. 그 결과 높은 재구매율과 재방문율을 기록하며 꾸준히 성장하여 국내 유일의 고급 만년필 전문 단독 로드숍으로 자리매김하고 있다. 이와 더불어 수백만 원을 호가하는 펜을 포함해 100여 종의 세필펜을 보유한 이 대표는 만년필 유통 업계의 큰손으로도 자리 잡았다.

이 대표는 찾아오는 고객 한 사람 한사람에게 최선을 다하며 정성껏 상담한다. 단순히 비싼 펜을 추천하는 게 아니라 고객의 관점에서 어떤 펜이 필요한지 자세히 살핀다. 제조사별 역사와 특징, 올바른 펜 관리법 등을 홈페이지에 정리해 두어 제품을 사지 않아도 쉽게 정보를 찾아볼 수 있게 했다. 그만큼 이 대표는 만년필에 누구보다 진심이다.

주부에서 성공한
CEO로

서른한 살에 사업을 시작한 이양희 대표는 20여 년 동안 26명의 직원과 호흡하며 비젠마스터스를 이직이 거의 없는 신망 높은 회사로 키웠다. 초창기 직원들과도 여전히 함께 일한다. 이제는 베스트펜의 브랜드 경쟁력을 키워 프랜차이즈 사업을 진행하고 만년필 관련 상품을 제조하면서 또 한 번의 도약을 준비 중이다.

요즘에는 자신이 좋아하는 것에 관심과 열정을 쏟으며 새로운 분야에 도전하는 주부들이 많아졌다. 이 대표는 "주부들은 찬거리 하나를 사더라도 성분과 가격까지 꼼꼼히 살펴본다"면서 "이런 마음으로 사업체를 이끌면 성공할 수 있다고 생각한다"고 말했다. 자신의 모습이 도전을 꿈꾸는 주부들에게 좋은 본보기가 될 수 있도록 최선을 다하겠다는 바람이다.

남 앞에 나서는 일을 무척 꺼리는 그는 몇 해 전 대표적인 성공 창업의 주인공으로 주목을 받은 적이 있다. 인터뷰 기사를 신고자 하는 매체도 많았다. 성공담을 들려 달라는 강의 요청도 빗발쳤다. 지금이라면 한 번쯤 생각해 볼 수도 있겠지만 당시는 만년필에 대한 생각만으로 가득해 다른 분야로의 진출은 마냥 낯선 일이었다. 하지만 고지식할 정도로 만년필에만 몰두했기에 지금의 이양희 대표가 있지 않을까 싶다.

마법 같은 일이
펼쳐지다

이 대표는 지인의 소개로 최고위 과정을 추천받고 처음에는 등록을 주저했다. 사업체를 운영하고 있긴 하지만, 사회생활을 경험한 적 없이 전업주부로 살다가 좋아하는 만년필에 몰두하다 보니 이 자리까지 왔을 뿐 남들과 어울리는 성격이 아니었기 때문이다. 다양한 사람을 만나야 한다는 것이 부담으로 다가왔다. 추천한 지인에게 "과연 제가 제대로 사람들과 어울려 잘 지낼 수 있을까요?" 되물을 정도로 자신이 없었다. 그저 자기 일만 열심히 해 온 터라 낯선 사람들과 호흡하기가 도통 어색한 것이 아니었다.

과정을 수강하면서도 유달리 조용하고 낯가림이 심한 성격 탓에 뒤풀이는 참석하지 않았다. 원우들과 친해질 수 있는 첫 계기였던 국내 세미나를 함께하지 못했기에 어색함은 오래도록 지속됐다. 수료 후 친목을 다지기 위해 이어지는 원우회 모임에서도 사람들과 어울리지 못했다. 이런 이 대표를 몇 달 동안 지켜본 한 여성 선배가 그를 적극적으로 챙겼다. 김혜숙 원우는 이 대표에게 다른 원우들과 함께 해외 연수에 가라고 권했다. 자신의 분야에서 인정받는 것과 달리 사회 초년생처럼 사람에게 먼저 다가가기 어려워하는 이 대표의 성격을 꿰뚫어 본 판단이었다. 이를 계기로 이양희 대표는 본격적으로 원우들과 소통하기 시작했다.

최고위 과정에는 배움만 있는 것이 아니었다. 인생의 선후배가 서로 관심을 두고 새로운 관계를 형성하기도 한다. 단기간에 마법 같은 일이 펼쳐지는 것이다.

이러한 만남은 업무적인 관계가 아닌 인간적인 관계로 나아가는 일이 많아 금방 마음을 열게 된다. 가치관이 비슷한 사람들은 서로에게 매력을 느낀다. 처음에는 단순한 지인이었다가 만남이 이어지면서 어느 순간 친형제처럼 지내기도 하고, 매일 통화하고 안부를 물을 정도로 마음이 잘 맞아 죽마고우보다 돈독한 사이가 되기도 한다. 10년 지기, 20년 지기로 이어지는 관계도 쉬이 볼 수 있다. 주변으로까지 관계가 확대되어 가족끼리 서로 왕래하며 지내는 일도 많다. 인연을 거슬러 올라가다 보면 이미 학부모로 알고 지낸 사이도 종종 있다. 억지로 만들어질 수 없는 뜻깊은 관계는 마음을 터놓고 다가설 때 생기는 자연스러운 현상이다.

단순한 배움을 넘어 선후배를 보고 익히면서 그동안 깨치지 못한 인간관계를 다시 시작할 수 있다. 스스로 틀을 깨지 못할 경우 이 대표의 사례처럼 훌륭한 인품의 선배들이 인간관계를 이끌어 주기도 한다.

때론 사업적으로 미처 생각하지 못한 일을 최고위 과정에서 만난 사람을 통해 "아, 이거였구나. 그런 생각은 못 했는데"라고 깨달으며 무릎을 친다. 모임에서 아이템과 해답을 찾고 기쁨을 나누며 한 끼 밥으로 감사를 표현하기도 한다. 원우들과의 만남이 뜻하지 않은 행운을 가져올 때도 있고, 고충을 토로하다가 예상치 못한 탈출구를 발견할 때도 있다.

리더는 언제나 좋은 사람에 목마르다. 제대로 된 인간관계만큼 큰 밑천이 없기 때문이다. 최고위 과정과 같은 어른들의 학교는 그런 관계를 열어 주는 세상이다. 혼술·혼밥의 시대라고 하지만 혼자서 할 수 없는 것도 있다. 죽을 때까지 진정한 인간관계를 갈망하는 것은 인간의 필연적 욕망이다. 좋은 사람과의 만남은 그 어떤 공부보다 자신을 발전하게 한다.

4차 혁명의 시대를 맞아 온라인에서도 인간관계를 위한 교육 프로그램이 개설되고 있지만, 그건 분명 한계가 있다. 국내에 최고위 과정이란 것이 처음 생긴 1970년대 초부터 지금까지 수업을 매개로 배움에 대한 가치를 공유하는 사람들의 만남은 여전히 현재 진행형이다. 이양희 대표 또한 그 수혜자 중 한 명이다.

CEO의 메모는 다르다

엔젤식스플러스 김종립 대표

"영어 좀 하죠? 이거 읽어 봐요."

쓱SSG.

몇 년 전 사람들의 주목을 한껏 받았던 광고 문구다. HS애드가 이 광고를 시작한 지 보름 만에 광고주의 매출이 전년 대비 20퍼센 트가량 늘었다고 한다.

LG계열 광고 회사인 HS애드의 김종립 전 대표이사는 취임식에 서 기존 광고와 다른 광고를 내놓아야 한다는 점을 강조했다. 그 '다름'이 바로 광고 회사가 존재하는 이유라고 했다.

김 대표는 아웃도어 생산업체 K2의 광고에도 다름을 적용했다. 기존의 아웃도어화가 산을 오가는 데 초점을 맞추어 튼튼한 내구

성만을 강조했다면, HS애드는 단순히 등산에 한정된 신발이 아니라 일상에서도 가볍고 편하게 신을 수 있는 아웃도어화를 강조하는 광고를 런칭했다. 그 결과 K2는 제품이 없어서 못 팔 정도로 대박을 터트렸다.

그는 광고 회사로는 드물게 제품 제조에 뛰어들기도 했다. '오버더레인보우'라는 비밀 사업부를 만드는 등 독창적인 아이디어로 공격적인 영업을 펼쳤다. 이 또한 김 대표가 기존과는 다른 것을 추구하며 꾸준히 체질 개선에 앞장섰기에 가능한 일이었다.

이처럼 독특하고 감각적인 광고 제작을 이끈 김종립 대표는 연세대에서 신문방송학을 전공했다. 학창 시절에는 교수들로부터 계속 공부할 것을 권유받았다. 공부에 열의가 있고 성실한 김 대표를 교수직 적임자로 주목한 것이다.

하지만 대학 재학 중 부모님이 돌아가시는 안타까운 일이 생기면서 인생의 전환점을 맞았다. 4남매 중 맏이였던 그는 졸업 후 세 동생을 보살펴야 하는 가장이 됐다. 학업 대신 취업을 선택할 수밖에 없었다.

1982년 광고 회사인 LG애드(HS애드의 전신)에 취직한 김 대표는 남들과는 다른 감각을 발휘하며 최연소 임원과 최장기간 부사장을 거쳐 대표이사 자리에 올랐다.

대표이사가 된 그는 2010년 비전 선포식에서 'The Difference'를 새로운 비전으로 제시했다. 이후 HS애드는 다름을 본격적으로 실천하기 시작했다. 쯕 광고의 성공 뒤에는 미래를 내다보고 트렌드를 선도하는 김 대표의 이러한 통찰력이 자리하고 있었다.

그는 "HS애드가 미혼모 프로젝트를 진행하고 초록우산 어린이 재단 등과 함께 재능 기부 형태의 광고를 제작하는 이유는 광고인의 아이디어, 창의성이 사회적 책임과 맞물릴 때 더 살맛 나는 세상을 만들기 때문이다"라고 말한다. 회사를 잘 운영하는 것뿐만 아니라 사회에 긍정적인 기여를 하는 것 역시 기업가의 역할이라는 철학을 가지고 있다.

또한 그는 대표이사임에도 불구하고 직접 광고주 영업에 나선다. 이런 솔선수범 덕분에 HS애드는 김 대표 취임 이후 매출이 두 배 이상 늘었다.

다름의 원천, 메모 습관

김 대표가 다름을 실천할 수 있는 원천은 메모 습관에서 찾을 수 있다.

오래전 필자는 그의 메모장을 엿본 적이 있다. 그가 메모하려고 샤프와 수첩을 꺼냈을 때 옆에서 무심결에 그것을 봤는데, 5포인트 정도 될까 싶은 깨알 같은 크기의 글씨가 가득해 놀랐다. 호기심을 느낀 나머지 양해를 구해서 직접 그 내용을 확인했다. 작은 수첩에는 언제 누구를 만나고, 어떤 이야기를 나누었는지, 그리고 인상은 어떠했는지 등등이 빽빽하게 적혀 있었다. 심지어 한쪽의 자투리 공간에는 번뜩 떠오른 사업 아이디어를 적어 놓기까지 했다.

김 대표는 메모장을 기억의 저장고로 활용한다. 한번 만났던 상대와 다시 만날 때면 수첩에 적어 둔 이전 만남의 메모를 확인한 다음 약속 장소로 향한다. 만났던 사람의 이야기, 만났던 장소, 함께했던 동행까지 적는 것은 사람에 대한 지극한 관심 때문이다. 그의 직장 후배는 "김종립 대표는 자신이 내린 지시 사항을 포스트잇으로 하나씩 기록해서 정확히 기억하고 있다"고 말하기도 했다.

그의 깨알 같은 메모장엔 동선 지표까지 그려져 있다. 어떤 CEO는 바쁜 일정 속에서 약속이 미묘하게 겹치거나 장소가 변경되면 결국 참석을 포기하기도 하는데, 김 대표는 꼼꼼한 메모 덕분에 미리 시간과 동선이 겹치게 않게 약속을 잡고 어김없이 그 자리에 모습을 드러낸다. 약속 시간이 되면 문을 빠끔히 열며 들어서는 그의 환한 얼굴을 볼 수 있다. 바쁜 시간을 쪼개서 쓰는 CEO답지 않게 약속 시간을 틀림없이 지키는 그 모습은 감동적이기까지 하다.

메모는 사람에 관한 기억력을 극대화하는 비법이다. 얼핏 단순해 보이는 일이지만 매일매일 반복하면서 수십 년을 실천한다는 것은 절대 쉽지 않다. 김 대표의 빈틈없는 성실함이 빚어낸 엄청난 자산이다.

배려조차 남다른
사람

김종립 대표는 사람에 대한 배려도 남다르다.

언젠가 송년 모임이 있던 날이었다. 그날 참석자 한 명이 일정에 변동이 생겨서 모임 장소까지 오기가 힘들어졌다. 그러자 김 대표가 그 한 명의 위치를 파악한 다음 참석자들을 중간 지점으로 이동시켜서 끝끝내 모두 참석하게 했다. 한 명쯤 빠져도 송년 모임에는 무리가 없었지만, 김 대표는 그 한 명이 못내 어른거려 도저히 모임을 그대로 진행할 수 없었다. 사람을 대하는 세심함에 감탄하지 않을 수 없는 일화다. 그런데 김 대표의 배려는 거기에서 그치지 않았다.

"사실 제가 아직 식사를 못 했어요."

뒤늦게 참석한 이의 말을 들은 김 대표가 갑자기 자리에서 사라졌다. 15분 정도 후에 다시 나타난 그의 손에는 통닭 한 마리가 선물처럼 들려 있었다. 모임 장소였던 가게에 양해를 구하고 배고픔을 달랠 수 있는 음식을 포장해 온 것이다. 때마침 회사 업무와 집안일 등으로 한창 침울했던 마지막 참석자는 통닭을 먹으며 최고의 행복감을 맛볼 수 있었다.

사람에 대한 그의 배려는 오랜 지기와의 관계에서도 엿볼 수 있다. 김 대표는 윤영철 전 연세대 미래 캠퍼스 부총장과 대학 시절부터 40년 지기다. 그런데 모임에서 만나면 깍듯하게 인사한다. 절친한 친구지만 사회적 관계에서는 윤 교수를 원장님이라고 부를 정도로 예의를 갖춘다. 함부로 말을 놓지 않고 존중하면서 추억 얘기를 꺼내면 서로 손해라며 우스갯소리로 친밀함을 슬쩍 내비친다.

김 대표는 진정한 경청자이기도 하다. 어느 자리에서건 상대방의 말을 끝까지 귀담아듣는다. 경청은 반드시 질문으로 이어진다. 이야기를 듣고 난 후 질문한다는 것은 그만큼 상대의 말에 집중했다는 뜻이다. 말하는 사람에 대한 관심과 호감이 드러나는 부분이다. 이야기에 귀 기울이며 예의를 지키고, 질문으로 관심을 표현하고, 질문에 관한 답을 들으며 자기 생각을 전하는 것으로 성의를 보인다. 상대방이 마음을 열고 다가올 수 있도록 조심스럽게 단계를 열어 주는 것이다. 그러면 사람들은 어느새 김 대표에게 어려운 사정이나 고민 등을 자연스레 털어놓는다.

물론 김 대표가 항상 진지하기만 한 것은 아니다. 자리에 걸맞은 유머로 좌중을 박장대소하게 만들기도 하는 위트가 넘치는 사람이다. 감동을 주면서 눈시울을 뜨겁게 했다가도 한순간 배꼽이 빠질 정도로 웃음을 주는 진정한 멋쟁이다.

김 대표는 사람 사이에 지켜야 할 도리를 잘 알고 있으면서도 유쾌함과 진지함을 조화롭게 오가는 능력이 탁월하다. 그렇기에 사람들은 항상 그와의 만남을 기대한다.

남과 다르게 생각하는 것이
그의 상식

군이 나서는 것을 즐기지 않는 김 대표는 어떤 모임에서도 "절대 총무는 하지 않겠다"고 호언장담했다. 하지만 피할 수 없는 일이 벌어졌다. 절친인 윤영철 교수가 대학원 원장직을 맡으면서 총무의 자리가 눈앞에 떨어졌다. 결국 그는 친구를 지원하기 위해 포럼의 총무로 4년을 일했다.

김 대표는 작은 기획부터 대대적인 행사까지 몸소 챙기며 완벽한 일 처리로 성심껏 친구에게 힘을 실어 줬다. 광고대행사에 오래 몸담았던 그는 기발한 아이디어가 넘쳤고 항상 합리적인 선택을 했다. 당시 필자는 실무자로 김 대표를 옆에서 도우며 많은 것을 배웠다.

그는 아무리 작은 모임이라도 이전과 같은 기획·같은 장소를 반복하는 일을 흥미로워하지 않았다. 행사가 있을 때면 손수 사전 답사를 하는 것은 기본이고, 실무진의 사소한 의견도 모조리 귀담아 듣고 언제나 최선의 결론을 도출했다.

많은 리더가 모이는 행사에서는 명찰, 명패, 좌석 배치 하나까지 꼼꼼하게 신경 써야 한다. 어디에서 어떤 상황이 벌어질지 모르기 때문이다. 대수롭지 않게 넘어간 일이 누군가를 불편하게 하거나 서운하게 할 수도 있다. 이런 작은 불만이 쌓여서 어느 순간 걷잡을 수 없이 큰 문제가 터질 때도 있다. 하지만 김 대표는 누구도 의구심을 가질 수 없게 일을 진행했다. 행사장 곳곳에는 그의 섬세한 손길이 닿지 않은 곳이 없다. 지켜보는 사람이 질릴 만큼 확인하고 또 확인하는 완벽한 성격은 감탄이 절로 나올 정도다.

김 대표의 회사에서는 그를 "김 대리"라 부른다고 한다. 대표지만 실무자처럼 일하기에 붙여진 별명 같은 호칭이다. 그가 기획한 행사에서는 흔한 현수막 같은 것을 찾아볼 수 없다. 김 대표가 한창 총무로 일했던 시절에는 행사에서 영상을 활용하는 일이 드물었다. 하지만 그는 과감하게 현수막을 영상으로 대체했다. 이처럼 그는 자신이 맡은 일이라면 무엇이든지 항상 최선을 다하며 시간과 노력, 그리고 아이디어를 아끼지 않는다.

필자가 김 대표를 따라다니면서 알게 모르게 많은 것을 익힌 4년은 이후 최고위 과정을 맡아 운영하는 데 단단한 기틀이 된 단련의 시간이었다. 곁에서 지켜본 그는 주어진 일을 바라보는 시각 자체가 보통과는 '다른' 사람이다. 다르게 생각하고 다르게 행동하는 것이 몸에 밴 습관처럼 자연스럽다. 일반적으로 남들만큼 하는 것이 보통이라면, 그는 남과 다르게 하는 것이 보통이다.

김 대표의 다름은 직업병일 수도 있고, 어쩌면 그저 타고난 본능일 수도 있다. 어쨌든 그의 남다른 면모는 많은 이들에게 존경과 관심의 대상이다. 사람들은 그를 보며 인생을 바라보는 새로운 관점을 배우고 시야를 넓히며 안목을 키운다.

젊은 제조업자들의 반란

하성F&B **황의환** 대표, 경기떡집 **최대로** 대표

최고위 과정은 사업을 성공적으로 꾸려 왔거나 사회적 지위가 있는 이들이 주로 등록하기 때문에 연령층이 높은 편이다. 하지만 젊은 리더들이 등록하는 경우도 종종 있다.

강의실에 들어선 젊은 리더들은 일단 과묵함을 유지한다. 선배들의 향기를 먼저 느끼려는 것이다. 각기 다른 분야에서 10년 이상 자신의 길을 꾸준히 걸어온 선배들의 이야기를 하나도 놓치지 않고 귀담아듣고, 궁금한 것이 생기면 조심스럽게 물어본다. 그리고 나서 시간이 조금 흐르면 분위기를 주도하면서 반란(?)을 꾀한다. 바로 그 젊은 반란자 두 명을 만나 보자.

호기심 많은 30대
CEO

"저는 닭, 돼지 가공업체를 합니다."

선배들이 "뭘 유통하는 회사인가?"라고 물어보자, 하성에프앤비 F&B의 황의환 대표가 쑥스러워하며 내놓은 답변이다. 명함을 받아 보니 회사 이름에 F&B가 붙어 있어 어떤 상품을 유통하는지 궁금 증이 생긴 것이다.

아버지가 하던 사업을 이어받은 황 대표는 '하성씨앤에프C&F'였 던 회사 이름을 '하성에프앤비'로 바꾸었다. 동시에 기업 CI도 새롭 게 바꾸고, 회사가 하는 일을 한눈에 알 수 있도록 홍보하기 시작했 다. 지금도 회사는 한 단계 한 단계씩 힘차게 성장하고 있다.

그가 정성을 다해 사업을 일구는 이유는 성장 배경과도 무관하 지 않다. 솔직한 성격의 황 대표는 자신의 어린 시절 이야기를 스스 럼없이 들려주었는데, 아버지의 사업 실패로 몇 차례나 집 안 곳곳 에 빨간 딱지가 붙었다고 한다. 그때의 공포와 불안이 트라우마로 남았다. 황 대표는 다시는 그런 경험을 하고 싶지 않았다.

집안 상황을 그렇게 만든 아버지를 탓할 법도 하지만, 그는 단 한 번도 아버지를 원망한 적이 없다. 어려서부터 항상 속 깊은 아들이 었다. 부모님의 귀가 시간이 늦어 할머니가 어린 손자들을 맡아 주 셨는데, 연로한 할머니 대신 황 대표가 동생의 밥을 차려 주기도 했 다. 그러면서 점차 음식에도 관심이 생겼다.

아픈 추억도 있지만 결국 어렸을 때부터 쌓이고 쌓인 경험이 지금의 밑거름이 됐다. 이런 황 대표의 태도에는 젊은 나이답지 않은 성숙함과 안정감이 있다. 그 의연함에 선배들은 박수를 보냈다.

이제 삼십 대 중반, 어찌 보면 이르다고 할 수 있는 나이에 한 회사의 대표가 되어 성공적으로 사업을 이끄는 일은 쉽지 않았다. 하지만 대기업에 납품하는 어엿한 회사의 수장이라는 우쭐함 같은 건 그에게서 찾아볼 수 없다. 회사의 미래를 위해 고민하는 진정한 리더만이 존재한다. 대학생 때부터 아버지의 회사에서 아르바이트를 했던 황 대표는 연배가 훨씬 높은 직원이나 임원들과도 거리낌 없이 어울리며 원활하게 소통한다. 영업부터 고객사 관리, 제품 개발에 이르기까지 스스로 발 벗고 나서서 회사를 키우기 위한 노력을 아끼지 않는다. 제조업 분야 리더 특유의 묵직한 굳건함을 여지없이 갖추고 있는 것이다.

최고위 과정에서는 책에서 배우지 못하는 다양한 실제 사례를 간접 경험할 수 있다. 선배들에게 회사 운영의 어려움을 기탄없이 이야기하고 조언을 구할 수도 있다. 황 대표는 이런 분위기에 겸손하게 섞이면서 선배들에게 먼저 다가갔다. 나이는 가장 어리지만, 시련을 극복하고 스스로 인생을 개척해 나가는 사람만이 가질 수 있는 단단한 아우라가 느껴지는 멋진 젊은이다.

황 대표는 어느 누구보다 호기심이 왕성하다. 지금은 술을 즐기지만 불과 몇 년 전만해도 전혀 마시지 않았는데, 그때도 뒤풀이 자리에는 꼬박꼬박 참석했다. 자신은 술을 입에 대지도 않으면서 다양한 맥주의 종류와 재료의 풍미를 재미있게 풀어놓으며 술을 권했다. 심지어 첫돌을 맞은 아들을 위해 와인을 직접 개발할 정도로 술에 관한 지식이 풍부했다. 또한, 그는 약속 시간을 잘 지키기로 유명하다. 제품을 기한 내에 납품해야 하는 업종의 습성에서 비롯된 특징이기도 하다. 어찌 되었든 그는 단 한 번도 제시간에 나타나지 않은 적이 없다.

이처럼 예의 바르고 배움에 관한 의지로 충만한 젊은 리더에게 선배들의 관심과 애정이 수직 상승하는 것은 당연하다. 황 대표는 자신의 마음을 먼저 솔직하게 내보인 다음 선배들의 경영 지혜를 구하면서 아직 경험하지 못한 세상을 들여다본다. 언제라도 궁금한 점이 생기거나 문제가 발생하면 즉시 선배들에게 묻는다. 이러한 태도가 그를 끊임없이 발전하게 한다. 필자가 '그 나이 때 나는 뭘 했지?' 싶은 회의를 느끼게 할 정도다.

요즘 제조업이 굉장히 어렵다. 하지만 황 대표는 "제조하기 딱 좋은 세상"이라고 역설적으로 말한다. 그의 행보를 지켜보면 '성장'이라는 단어가 떠오른다.

친구들 사이에서 황 대표는 잔소리꾼으로 통한다. 순리를 따르지 않는 친구를 보면 "그런 건 하면 안 된다" "그렇게 살면 앞으로 어렵다" "이렇게 해 보는 게 어떠냐" 하는 말을 귀가 따갑도록 한다. 친구들은 이제 그의 잔소리가 옛날이야기처럼 구수하게 들린다고 말한다. 그만큼 황 대표가 친구들 사이에서도 신뢰를 얻고 있다는 증거다.

말과 행동을 보면 그 사람이 살아온 모습과 삶의 태도를 엿볼 수 있다. 황 대표를 바라보며 그의 솔직한 언행에 매료되고, 성실하게 옳은 길을 가려는 의지에 감동하고, 조언을 듣고 현명한 판단을 내리는 모습에 감탄한다.

이제 10년 차 CEO로 자리 잡은 황의환 대표는 서른 살 이상의 나이 차이가 있는 선배들에게도 신뢰감을 줄 정도로 진실하고 든든한 청년 리더다.

에너지 넘치는
분위기 메이커

또 한 명의 젊은 리더 최대로 대표는 아동학을 전공했다. 하지만 장남으로서 아버지가 운영하는 떡집을 물려받아 이어 가야 할 과업이 있었다.

최 대표는 가업인 경기떡집이 전국 방방곡곡을 넘어 세계로 뻗어 나가는 꿈을 꾼다. 네 형제 중 막냇동생이 명장이 되어 기술을 이어받았다. 동생인 최대한 명장은 좋은 떡을 만들어 제품에 관한 신뢰를 쌓고, 형인 최대로 대표는 그 떡이 많은 사람에게 닿을 수 있게 마케팅에 집중하며 회사 운영에 힘쓴다.

경기떡집은 기계로 떡을 뽑지 않기 때문에 새벽 4시에 출근이 이루어진다. 그때부터 당일 판매할 떡을 손수 빚는다. 저녁에 홍보 관련 미팅이 많은 최 대표는 하루를 마무리하자마자 다시 떡집으로 출근하는 일도 다반사다. 하지만 그는 빡빡한 일상도 행복이라고 생각한다.

활달하고 친화력이 뛰어난 최 대표는 사람들과 어울리기를 좋아한다. 워낙 분위기 메이커인 탓에 이곳저곳에서 그를 찾는다. 언제나 활기찬 기운이 넘치고 붙임성 있게 다가오기 때문에 누구나 그를 좋아한다. 그러니 일이 아니더라도 저녁 약속은 끊이질 않고, 에너지가 넘치는 최 대표는 새벽녘까지 지치지 않고 자리를 지키다가 곧장 떡집으로 출근하는 일이 비일비재하다.

그는 고객 친화적 마케팅으로 경기떡집을 인천공항과 대형 백화점에 입점시키는 데 성공했다. 입점 후에는 높은 매출을 기록하며 업계의 인정을 받았다. 여기서 그치지 않고 2018년 1월에는 롯데백화점에 떡 카페를 열었다.

떡 카페에 애착이 큰 최 대표는 메뉴 구상에 열성을 기울인다. 아이디어가 잘 떠오르지 않을 때는 최고위 과정에서 만난 선배를 찾아가 도움을 청하기도 하면서 새로운 시각으로 연구를 이어 간다. 떡 재료에 관한 공부도 게을리하지 않는다. 이를 위해 경희대 한방대학원에 진학했는데, 지금은 박사 과정 휴학 중이다. 차별화된 떡을 만들기 위해 한방 재료를 적용해 보고자 했던 생각이 공부의 계기가 됐다. 경기떡집을 세계적인 업체로 키우려면 쉬지 않고 공부해야 한다는 게 최 대표의 생각이다.

그는 지인에게 최고위 과정 등록을 권유받았다. 마침 밤낮없이 일에만 빠져 동분서주하던 와중에 환기가 될 수 있지 않을까 싶은 마음이 들어 흔쾌히 동의했다.

　최고위 과정은 또 다른 경험의 장이었다. 나이도 다르고 성향도 다르며 심지어 업종도 제각각인 회사의 리더들이 한자리에 모인 만큼 보고 배울 수 있는 표본이 어마어마했다. 혼자서 이리 뛰고 저리 뛰면서도 풀지 못했던 일이 선배 리더들을 통해 정리되기도 했다. 생각지도 못한 귀인을 만난 기분이었다. 업무적인 도움은 물론이고 현명한 판단을 내리는 방법도 익힐 수 있었다.

　최 대표는 최고위 과정에서 마주할 수 있는 경험을 얼마나 많이 흡수할 수 있는지는 자신에게 달렸다는 걸 알았다. 그랬기에 선배 리더들 앞에서도 주눅 드는 법 없이 적극적으로 자기의 이야기를 했다. "저는 꼭 선배님 같은 사람이 되고 싶습니다"라고 말하며 무리 없이 녹아드는 그는 선배들에게 꼭 함께하고픈 후배가 됐다.

　최 대표는 술자리를 즐기는 편이다. 그렇다고 흥청망청 마시지는 않는다. 깍듯하게 술잔을 건네고 선후배를 잘 챙겨서 집에 무사히 도착할 수 있게 돕는다. 씩씩하고 우렁찬 그의 목소리에는 언제나 생기가 가득하다. 재치 넘치는 말솜씨까지 갖추고 있어 최 대표가 함께하는 자리는 항상 웃음으로 꽉 찬다. 요즘처럼 모두가 지친 시기에는 유쾌한 사람을 더욱 찾게 되는데, 그럴 때마다 떠오르는 인물이다.

　2세 경영인은 빠르면 대학 때부터 부모로부터 기초적인 일을 배우기 시작한다. 그렇게 서서히 사업가로서의 업무 역량을 쌓아 간다. 자수성가하거나 처음부터 단계별로 임원이 된 사람과는 또 다른 시야와 마음가짐을 지니고 있다. 이런 다양한 배경의 리더가 모이면 서로를 통해 배운다. 최 대표가 선배들에게 배우는 것뿐만 아니라, 선배들도 최 대표를 통해 배우고 깨닫는 것이 많으니 각자의 존재가 소중하다.

새벽 4시, 곧 출근을 앞두고 있지만 최 대표는 오늘도 인생을 한 발 앞서 먼저 배울 수 있는 선배들과의 술자리를 파하는 것이 아쉽기만 하다.

필자는 세상이 달라지고 있음을 젊은 리더들을 통해 알게 된다. 기존의 통념을 깨고 새롭게 도전하는 그들이 새삼 대견스럽다.

엄홍길 대장의 히말라야 이야기

엄홍길휴먼재단 **엄홍길** 상임이사

엄홍길 대장의 사무실에 들어서자 입구 왼쪽에 그가 설립한 휴먼스쿨 네팔 학교의 사진이 연도별로 붙어 있었다. 그리고 책상 뒤편 벽에는 네팔 목걸이를 한 채 에베레스트산 정상에서 환하게 웃고 있는 엄 대장의 사진이 걸려 있었다. 그가 네팔에 얼마나 애정이 넘치는지 알 수 있는 사진들이었다. 사진 속에서 느껴지는 벅찬 감정을 눈에 담았다.

필자는 엄홍길 대장에게 최고위 과정에 등록해 주십사 부탁하기 위해 그의 사무실에 들른 참이었다.

이웃 사랑을 실천하는
리더

필자는 사람을 섭외할 때 무턱대고 등록을 권하지는 않는다. 먼저 진정성 있는 태도로 상대에게 다가가려고 노력한다. 사람을 만나기 전에 어떤 인사를 건넬지 고민하는데, 자연스럽게 인사말을 하고 대화를 이어 가기 위해서는 만나는 상대에 관해 미리 알아야 한다.

엄홍길 대장은 세계 최초로 히말라야 8,000미터 고봉 16좌 등정에 성공한 우리나라 최고의 산악인으로 알려졌지만, 사실 그는 노블레스 오블리주를 실천하는 리더이기도 하다. 자신이 여러 차례 다녀갔던 네팔 등을 비롯한 개발도상국에 교육 및 의료 지원을 하고 천연의 자연을 지키기 위해 환경 보호 활동을 하는 휴먼재단을 세웠다. 당시 필자가 담당하던 연세대 언론홍보대학원 최고위 과정 개교 20주년을 맞아 그의 따뜻한 마음을 원우들과 함께 나누었으면 하는 바람이었다.

"나마스떼."

엄 대장은 두 손 모아 인사하며 고개를 숙였다. 나마스떼는 '내 안에 깃든 성스러운 신성이 당신 안에 깃든 성스러운 신성께 경배합니다'라는 의미를 담고 있다. 시원한 미소와 다부진 손이 인상적이었다.

기대했던 만남이 이루어지는 순간이었다. 필자는 새로운 만남을 좋아하는데, 그 만남을 위해 준비하는 시간 또한 설레기 그지없다. 만남의 분위기가 어떨지 상상하면서 무슨 이야기를 주고받을지 고민한다. 주로 만날 사람의 이력을 꼼꼼하게 살펴본 다음 공감대를 형성하기 위해 노력하는데, 가끔은 특별한 준비 없이 직감을 믿고 솔직하게 다가간다. 사람을 만날 때 어떻게 해야 한다는 정답은 없다. 다만 반드시 염두에 두어야 할 것이 있다면 바로 진심이다. 그 외에는 상황에 따라 질문을 던지거나 설명하고, 상대의 말에 집중하면 그만이다. 그런 마음으로 인연의 소중함에 관해 이야기를 나눴다. 진정성을 담아 엄 대장이 과정에 등록해야 하는 필연적인 이유를 덧붙이며 설득했다.

"대장님께서 등록해 주시면 정말 영광일 거예요. 원우들도 봉사와 나눔에 관심이 많거든요. 휴먼스쿨의 학교 설립에 저희 원우들이 동참하면 여러 가지로 의미가 깊을 것 같습니다."

동석한 오영달 원우도 거들었다. 오영달 원우는 엄 대장과 같은 UDT(해군특수전여단) 출신 후배였다.

"그래요, 선배님. 바쁘시더라도 시간 내서 같이 수업도 듣고, 이웃 사랑 실천하는 법도 좀 알려 주십시오."

마침내 필자는 엄 대장을 섭외하는 데 성공했다. 엄홍길 대장은 네팔에 가는 일정이 있을 때 말고는 빠지는 일 없이 성실하게 강의에 참석했다.

산을 뛰어다니던
아이

최고위 과정 중에 엄홍길 대장의 강연을 청한 적이 있다. 어린 시절 뒷동산을 놀이터 삼아 뛰어놀았다는 이야기가 아직도 생생하게 기억난다. 형편이 어려워 산기슭에 살았다는 엄 대장은 그 때문에 자신의 하체가 단련되었다고 했다. 다른 친구들이 놀이터에서 놀때 그는 바위와 산을 뛰어다니며 놀았다. 산과 더불어 자란 엄 대장은 "자연은 변하지 않고 그대로 있는 산물이기에 사람에게 주는 특별한 선물이다"라며 자연 사랑을 강조했다.

엄 대장은 고등학교 졸업 후 2년간 설악산 골짜기 곳곳을 누비면서 본격적으로 산에 관심을 두기 시작했다. 3년 동안은 UDT에서 군 생활을 하며 강철 체력을 길렀다. 그리고 드디어 1988년 에베레스트 정상 정복에 성공했다. 고봉을 하나씩 오르다 보니 욕심이 생겨 2001년에는 인류 역사상 아홉 번째로 히말라야 8,000미터급 14좌 완등을 했다. 이어서 2004년 8,505미터의 얄룽캉봉을 거쳐 2007년 5월 31일 네 번째 도전 만에 8,400미터의 로체샤르 정상에 오름으로써 세계 최초로 16좌 완등에 성공하는 쾌거를 이뤘다.

엄홍길 대장은 포기하지 않는 불굴의 도전 정신으로 인간 한계를 극복해 사람들에게 깊은 감동을 주었다. 하지만 그의 등산 인생에 항상 웃음만 있었던 것은 아니다.

엄 대장이 최고위 과정을 수료한 지 얼마 지나지 않아 그를 주인공으로 한 〈히말라야〉라는 영화가 개봉됐다. 영화는 히말라야 등정 후 하산하던 도중 조난 당해 생을 마감한 박무택 대원의 시신을 수습하기 위해 엄홍길 대장이 휴먼원정대를 꾸려 에베레스트 데스존으로 떠나는 과정을 담았다. 박무택 대원은 엄 대장이 히말라야 등정에 성공한 16좌 가운데 4좌 등반을 함께했을 만큼 깊은 우애를 나눈, 친형제나 다름없는 동료였다. 엄 대장은 세 시간에 걸쳐 박무택 대원의 시신을 수습하고 돌무덤에 안치했다.

영화 관람을 마친 엄 대장의 눈시울이 붉었다. 히말라야에 묻힌 동료가 생각나서였는지도 모르겠다. 휴먼원정대를 꾸리던 당시의 먹먹했을 심정을 막연하게 헤아려 봤다. 극장 밖을 나서는 그에게 선뜻 말을 걸 수 없었다.

엄 대장과 함께 오른 북한산

필자는 엄 대장이 최고위 과정을 다니는 동안 〈엄홍길과 함께하는 북한산 기행〉이라는 행사를 기획했다. 원우들 사이의 유대 강화를 위해 마련된 행사였다. 15명 남짓한 원우들이 참석했지만, 그는 적은 인원에 대해서는 한마디도 하지 않았다. 그저 참석자 모두를 세심하게 챙기면서 단 한 명의 낙오도 없이 산에 오를 수 있게 최대한 천천히 보조를 맞추며 걸었다. 원우들이 힘들어할 시점을 정확하게 예측하고 자연스럽게 쉬어 갈 것을 제안하기도 했다.

몇몇 원우들은 엄 대장의 뒤에 바싹 붙어 산을 오르며 네팔에서 있었던 에피소드를 청했다. 그는 흔쾌히 이야기를 들려줬다. 숱한 등정으로 몸 군데군데 상처가 있는 것은 물론이고, 발가락도 성한 곳이 없다고 했다. 또 히말라야의 새하얀 눈에 반사된 빛에 자주 노출되다 보니 시력도 약해져 네온사인을 보면 눈이 부시다고 했다.

북한산을 오르는 동안 엄 대장은 어떤 연예인 못지않은 인기인이었다. 지나가는 등산객마다 그와 사진을 찍고 싶어 했다. 수많은 사진 요청에 귀찮을 법도 하건만 그는 반갑게 미소를 지으며 응수했다. 원우들은 소탈하고 인간적인 면모에 다시 한번 반한 눈치였다.

정상에 오르는 틈틈이 그는 많은 이야기를 들려주었다. 산에서 겪은 경험뿐 아니라 일상생활의 철학이 묻어나는 다양한 이야기를 했다. 그중 건강을 지키는 방법을 적어 놓은 글을 읽어 준 기억이 떠오른다. 숙면해야 하고 등산 등을 통해 자연과 어우러져야 한다는 내용이었다. 얼핏 투박하고 평범한 이야기일 수 있지만 엄 대장의 목소리를 통해 전해지는 조언은 그가 몸소 겪은 진실이기에 그 누구의 말보다 와닿았다.

배움이 있는
만남

만남에는 반드시 배움이 있다. 상대의 이야기를 집중해서 듣고, 그것을 자신의 상황에 맞게 받아들여 실천하려고 노력하는 사람에게는 모든 만남이 배움이다.

필자는 엄 대장을 처음 만났을 때 참 소탈하다는 느낌을 받았다. 식사를 위해 자리를 이동하면서 좋아하는 음식이 청국장인데 괜찮겠냐고 수줍게 물어보는 모습이 인상적이었다. 거칠 것 없이 기세 등등하게 높은 산을 모두 정복한 사람의 모습과 대비되었기에 더욱 그러했다.

엄 대장이 등록하면 원우들에게도 긍정적인 자극이 될 거라고 확신했다. 감히 범접할 수 없는 성과를 이룬 엄 대장은 누구나 존경할 수 있는 본보기인 동시에 허물없이 어울릴 수 있는 털털한 인간성을 지녔다. 같은 학교에서 같은 반 원우로 만난다면 빠르게 벽을 허물고 신뢰를 쌓을 수 있을 것이 분명했다.

만남의 장이 학교일 때, 반감은 줄고 호감은 늘어난다. 검증된 사람만이 학교에 올 수 있다고 여기기 때문이다. 예나 지금이나 학교라는 울타리 안에서는 마음을 열고 각별한 관계를 만들기가 수월하다. 물론 어디에서나 상대와 가까워지기 위해서는 겸허하게 배우려는 자세와 따스한 정을 갖추어야 한다.

흔히 공부는 평생 해야 한다고 말한다. 여기서 공부는 책으로 배우는 지식만을 일컫는 것이 아니다. 나와는 다른 세상을 경험한 사람들과 같은 공간에서 만나 이야기를 주고받으며 시간을 나누는 것이야말로 진정한 공부일 수 있다. 바로 인생 공부 말이다. 에베레스트 정상에 오른다는 것 또한 보통 사람들은 경험하지 못할 일이다. 그런 인물과 한 공간에서 공부할 수 있는 경험은 엄청난 축복이기도 하다. 삶과 죽음을 넘나드는 이야기를 통해 세상을 좀 더 이해하고, 인간에 대한 깊은 존경과 연민을 배울 수 있기 때문이다.

어려서부터 자연을 통해 심신을 단련하고 이제는 그 자연에 보답하기 위해 다양한 실천을 하는 엄홍길 대장과의 만남은 아주 특별한 경험이었다.

그의 직책은 총동창회 회장

보문통상 **신현일** 대표

연세대학교 언론홍보대학원 최고위 과정 1기를 수료한 신현일 대표는 당시 45세였다. 그때 원우들의 평균 연령이 60세였으니 그는 상당히 젊은 축에 속했다. 더군다나 1기 원우 대부분은 이름만 대면 알 만한 쟁쟁한 이들이었는데, 그 사이에서 기꺼이 초대 총무를 맡아 주눅 드는 법 없이 성실하게 역할을 수행했다.

그는 총동창회에서도 사무총장직을 맡았다. 총동창회 발대식을 준비하면서는 동문 한 사람 한 사람에게 일일이 연락해 행사의 취지를 설명하고 참석 여부를 확인했다. 행사를 성공적으로 치르기 위해 직접 사소한 하나까지 챙기면서 솔선수범한 것이다.

신 대표는 모두 다섯 번의 총동창회 행사를 마련하여 동문이 직접 참여할 수 있는 장을 만든 장본인이다. 이렇게 수년간 동문을 위해 노력한 그는 마침내 2009년 최고위 과정 총동창회 회장직에 취임했다.

총동창회를 위해
헌신하다

신현일 대표처럼 잘해야 본전인 명예직에 시간과 노력을 헌신적으로 쏟아붓는 사람은 흔치 않다. 언젠가 바쁘게 출장을 다녀오자마자 바로 행사 준비에 돌입하는 것을 보고 열정이 정말 대단하다고 생각했다. 때로는 그의 본업이 최고위 과정 총동창회 회장이고, 사업체는 부업으로 느껴질 정도다.

신 대표는 한국해양대학교를 졸업한 후 1986년에 사업을 시작했다. 해외 선박 관련 사업과 곡물 수입, 에너지 개발 등을 하는 보문통상을 35년째 운영 중이다. 맨손으로 일구어 글로벌 비즈니스 분야로 영역을 넓힌 건실한 기업이다. 오랫동안 외국 바이어들과 끈끈한 관계를 유지할 수 있었던 것은 그의 성실함 때문이라고 전해 들었다. 부업으로 사업하는 것 같다고 농담조로 이야기했지만, 신 대표는 사업을 할 때도 정성을 다하며 노력을 아끼지 않는다.

총동창회 회장이 된 그는 동문을 위해 더욱 애썼다. 편하게 뒷짐

지고 있다가 축사만 하는 일은 성미에 맞지 않았다. 총무 일을 맡으면서 쌓아 온 원우들과의 유대 관계를 활용해 더 많은 동문이 행사에 참여할 수 있도록 사람들을 만나고 설득했다. 그야말로 실무형 회장으로서 스스로 앞장섰다. 1기부터 44기에 이르는 동문의 고른 참여는 그의 헌신과 열정이 만들어 낸 결과였다.

신 대표는 총동창회 행사를 최대한 알뜰하게 치르기 위해 언론 홍보 분야에서 재능을 나눌 수 있는 사람을 직접 섭외하기도 했다. 그가 바로 신현일 대표의 큰사위인 방송인 조영구 씨다. 최고위 과정의 28기 수료 동문이기도 한 조영구 씨는 그렇게 총동창회 행사에서 사회를 맡았다. 20년 넘는 경력의 방송인답게 매끄러운 진행으로 동문들의 함박웃음을 끌어내면서 어수선한 분위기 속에서도 행사에 집중하게 했다. 특히 34기 서상돈 대표를 무대로 올라오게 해 350여 명의 동문 앞에서 음악에 맞추어 춤을 추게 한 순발력은 정말 놀라웠다. 조영구 씨 덕분에 1기 대선배부터 막내 기수에 이르기까지 모두 무대 위로 올라와 춤판을 벌인 것은 지금 생각해도 너무 재미있고 훈훈한 일이다. 이후에도 조영구 씨는 장인어른인 신 대표를 도와 종종 재능 나눔을 실천했다.

시간이 흐를수록 신 대표에 대한 존경심은 바래는 일 없이 점점 더 커지고 선명해진다. 그는 자리만 지키면서 형식적으로 지시를 내리는 리더가 아니다. 무슨 일이든 언제나 스스로 나서서 문제를 해결하는, 의지할 수 있는 사람이다. 그 리더십에 겸허히 고개가 숙여진다.

신의와 성실의
표본

　총동창회 회장은 동문 사이의 연결 고리 역할을 해야 하고 신입생 추천도 해야 한다. 게다가 나눔과 봉사 정신, 희생정신, 성실함, 리더십 등등 갖춰야 할 덕목도 많다. 그리고 신 대표는 이 모든 것이 준비된 사람이다. 지금도 필자가 수강생 모집의 어려움을 이야기하면 선뜻 적절한 인물을 추천해 주고, 조언을 구하려고 의견을 물으면 자기 일처럼 성심성의껏 대답하며 해결사 역할을 자처한다.

　총동창회 주요 행사 중 골프 대회가 있다. 당연히 총동창회가 이 행사를 주관한다. 그렇지만 원우회 기수별로 돌아가면서 행사를 열기 때문에 실제로 총동창회가 해야 할 일은 그리 많지 않다. 하지만 신 대표는 사업에 전념하느라 시간을 내기 어려운 후배 원우들에게 연락해 행사를 진행하는 기수의 원우회에 도움을 준다. 누가 부탁하지 않아도 먼저 나서서 적극적으로 힘을 보태는 것은 그의 타고난 성품이다.

　신 대표는 송년회가 열릴 때면 직접 테이블마다 돌아다니며 안내 책자를 배치해 둔다. 어찌 보면 사소하고, 어찌 보면 성가신 일이다. 하지만 그는 작은 것 하나까지 직접 챙기며 동문에 대한 넘치는 사랑을 표현한다. 물론 행사 전에도 수십 번씩 전화로 상황을 점검한다. 필자는 이런 그에게 배우고 또 배운다. 신 대표는 늘 자신의 좌우명인 '신의·성실'을 지키기 위해 노력하는데, '만기친람萬機親覽'을 그대로 실천하는 사람이라고 할 수 있다. 남들이 알아주지 않는 일에 시간과 노력을 쏟으면서도 싫은 소리 한번 하는 법이 없다. 여러 사람과 소통하다 보면 마음 상하는 일도 분명 있을 텐데, 누군가를 험담하는 말도 들어 본 적이 없다.

신현일 대표는 동문이 어려움을 토로하면 언제든 도와주기 위해 노력한다. 혹시나 하는 마음으로 연락했다는 동문의 전화 한 통도 허투루 넘기지 않는다. 어떻게든 연결해 줄 수 있는 이를 찾아 여기저기 수소문한다. 이쯤 되면 시킨다고 누구나 할 수 있는 행동이 아니다. 원우회가 시작된 지 벌써 25여 년이 지났지만 연세대 언론홍보대학원 최고위 과정 원우 중에서 그의 열정과 열의를 뛰어넘는 사람은 아직 없다고 단언할 수 있다.

최고위 과정의 역사를 함께 이루어 온 신 대표는 70세에 가까운 나이에도 여전히 굳건하게 자리를 지켜 주고 있다. 앞으로 더 많은 세월이 흘러도 그가 남긴 존재감은 계속해서 기억 속에 있을 것이다. 그 헌신적인 마음과 이타적인 행동은 후배들의 본보기가 됐다.

1%

영업의 달인이 되다

에이치에스티그룹 **하석태** 대표

"석태야, 에미가 정말 부탁한다. 노동 운동인가 뭔가 좀 안 하면 안 되겠니?"

아침에 어머니가 한 말이 석태의 머릿속을 떠나지 않았다. 집안이 가난했던 탓에 야간 대학 졸업 후 공장에서 일했던 석태는 그곳에서 만난 동료들과 노동 운동을 하고 있었다.

일찍 혼자된 어머니가 자신을 키우느라 얼마나 고생하는지 알았기 때문에 그 말을 외면할 수 없었다. 언젠가 추운 겨울날 어머니의 손등이 갈라지고 터져서 피가 세숫대야를 빨갛게 물들인 것을 본 적이 있기에 더욱 그러했다.

'그래, 어머니 말씀대로 노동 운동가를 포기하는 게 맞는 거 같다!'

청년 석태는 어머니의 피로 물든 세숫대야를 상기하며 정신을 차려야겠다고 마음먹었다. 그럼에도 한동안은 동료들 생각에 밤잠을 이루지 못하고 괴로워했다. 그걸 끊어 내기 위해 고향인 마산을 떠나 서울로 올라왔다.

하지만 공장에서의 이력만으로는 취직이 어려웠다. 좌절도 잠시, 그는 포기하지 않고 100군데가 넘는 회사에 이력서를 넣었다. 마침내 전화 한 통이 걸려 왔다.

"하석태 씨, 내일부터 우리 회사로 출근하세요."

보험회사에서 온 합격 통보였다. 석태 자신도 물론 기뻤지만, 전화로 소식을 들은 어머니가 연신 "내 아들 장하다, 내 아들 장해" 하면서 우는 목소리를 듣고 반드시 성공해서 고향에 내려가리라 결심했다.

100일 기도를 하다

석태는 한 달 동안의 교육 기간이 끝나자마자 다음 날부터 무작정 여기저기 전화를 돌렸다. 심지어 '내가 하 씨니까 하 씨 종친회에 전화하면 되지 않을까?'라고 생각해 전화번호부에 있는 하 씨 종친회마다 전화를 걸기까지 했다. 하지만 현실은 만만치 않았다. 단 한 건의 영업 실적도 올리지 못했다. 낯선 서울 땅은 패기만만한 석태에게도 쉽사리 기회를 주지 않았다.

석태는 이러다가 고향에 못 내려갈 수도 있겠다는 생각이 들었다. 눈앞이 캄캄해졌다. 날마다 아들의 성공만을 위해 기도하는 어머니 생각에 가슴이 찢어질 듯 아팠다. 그는 마음을 다잡기 위해 인근의 절로 향했다.

그때 절에서 우연히 한 할머니를 만났다. 할머니는 "오늘이 100일 동안 3,000배 기도를 하는 마지막 날"이라 했다. 그 말을 들은 석태는 '이렇게 연로하신 할머니도 100일 기도를 하는데, 그동안 나는 왜 이런 노력을 하지 않았을까?' 하고 반성하게 됐다.

석태는 100일 기도를 시작했다. 힘에 부칠 때면 '나도 할 수 있다, 나도 할 수 있다'를 속으로 되뇌며 그 시간을 이겨 냈다. 결국 100일 동안 3,000배 기도를 무사히 마쳤다.

이후 하석태 대표는 어렵고 힘들 때마다 100일 기도를 했던 순간을 떠올린다.

정말 간절히 원하는 그 순간에

100일 기도를 마친 하 대표는 자신감에 가득 찬 발걸음으로 절에서 내려왔다. 하지만 여전히 뾰족한 수는 없었다. 나긋나긋한 서울 말씨가 아닌 투박한 경상도 사투리가 영업의 걸림돌이었을까. 무엇이 문제인지 이런저런 분석도 해 봤다. 하지만 대부분 지금 당장 어찌할 수 없는 것이었다. 그렇다고 실망하지는 않았다. 더욱더 열심히 하루하루를 살았다.

그러던 어느 날, 드디어 그의 인생에 햇살이 비추었다.

하 대표는 그날도 '오늘은 누구를 찾아가야 하나?' 걱정하며 회사를 나섰다. 그러다가 우연히 발길이 닿은 곳이 강남 한복판 압구정이었다. 높게 치솟은 수많은 빌딩이 그를 내려다보고 있었다. 그때 갑자기 어디에서 그런 자신감이 생겼는지, 그대로 멈춰 서서 몸을 돌렸다. 그러고는 수많은 사람이 연신 바쁘게 지나가고 있는 가운데서 투박한 경상도 사투리로 크게 외쳤다.

"안녕하십니까. 지는 마산에서 올라온 하석태라고 합니더. 지금 지는 보험 영업을 하고 있습더. 저에게 보험 가입을 해 주시면 지가 여러분의 노후 설계를 확실하게 해 드리겠습더."

몇몇은 가던 길을 멈추고 흘끗 뒤돌아보기도 했지만, 대다수의 사람은 아무런 관심도 보이지 않고 하 대표 앞을 그냥 지나쳤다. 하지만 그는 포기하지 않았다.

하 대표는 다음 날 아침부터 압구정 근처 빌딩을 돌아다니면서 자신의 명함과 보험 전단을 나눠 주었다. 빌딩 앞을 지나가는 사람들에게도 인사를 하며 명함을 돌렸다. 처음에는 잡상인 취급을 받고 문전 박대를 당하기 일쑤였다. 하지만 아랑곳하지 않고 다시 그 빌딩을 찾아갔다. 100일 기도로 무장한 그는 '할 수 있다'는 신념

하나로 부딪히고 또 부딪혔다.

얼마쯤 지나자 사람들이 압구정에 등장한 희한한 보험설계사에게 관심을 보이기 시작했다. 급기야 한 사람이 보험에 가입했다. 그러자 연이어 보험 가입을 원하는 사람이 생겨났다. 그 결과 하 대표는 최고 실적을 달성한 보험설계사가 되어 있었다.

하석태 대표는 '정말 간절히 원하는 그 순간에 운명이 바뀌는 것'이라 여기게 됐다. 이후 5년 동안 실적 1위를 기록하면서 당시 일하고 있던 회사에서 한국인 최초로 명예의 전당에 헌액되는 등 보험 업계의 전설로 성장했다.

어머니가 만들어 준 성공

하석태 대표는 미래에셋생명에서 전무까지 역임하고 보험 업계를 떠났다. 그러고는 곧장 체험형 교육업체를 창업했다. 기업체나 단체 등에서 일하는 직원을 대상으로 힐링 및 정신 무장을 도와주는 프로그램을 운영하는 사업이다. 지리산 자락이 훤히 보이는 섬진강 강가의 정자에 앉아 전라도 판소리를 들으며 막걸리 한잔을 하거나 전통 재첩잡이 등의 문화 체험을 진행하고, 죽음을 통해 삶의 의미를 되새겨 볼 수 있게 직접 관에 들어가 보는 임종 체험을 하기도 한다.

　하 대표는 이런 업체를 창업하는 것이 숙원 사업이었다. 뜻한 바를 이룬 그는 서울과 지리산을 오가며 열정을 쏟고 있다. 지리산에 마련해 둔 펜션에는 어머니가 계신다. 하 대표에게 '어머니'라는 단어는 듣기만 해도 두 눈에 눈물이 맺히는 말이다. 푸른 잔디가 깔려 있고 확 트인 산자락을 눈앞에서 바라볼 수 있는 그곳에서 하 대표의 힐링캠프는 다채로운 프로그램으로 운영된다. 일 때문에, 또한 어머니를 만나기 위해 그는 주중 주말 가리지 않고 지리산 자락으로 찾아간다. 스스로 '석태나무'라고 이름 지은 나무 아래서 명상을 하며 생을 자신의 것으로 만들기 위한 노력도 게을리하지 않는다.

　지난날의 그는 "공부해서 뭐 하느냐?"라며 대들던 반항아였다. 하지만 어머니가 그를 바꿔 놨다. 지금의 성공한 삶은 어머니가 만들어 준 것이라 해도 과언이 아니다. 어머니만 곁에 있다면 두려운 것이 없다. 하 대표가 늦은 시기에 창업을 결심한 것도 어머니의 응원 덕분이었다.

　하석태 대표는 창업하기까지 걸어왔던 지난한 시간을 세미나 시간에 발표한 적이 있다. 거듭되는 실패에도 포기하지 않고 성공을 일궈 낸 그의 인생 이야기에는 눈물을 핑 돌게 하는 감동이 있었다.

여전히 배울 것이 있다는 행복

최고위 과정에는 다양한 리더가 모인다. 사업을 하면서 몇 차례 흥망을 경험한 대표, 사원으로 입사해 전문 경영인의 자리에 오른 입지전적인 인물, 안정적인 직장을 다니다가 퇴사하고 막 창업을 한 사람, 아기용 숟가락부터 가전제품까지 못 파는 게 없는 영업의 고수, 젊은 나이부터 사업을 시작해 수십 년의 경력을 지닌 경영자, 의사·약사·변호사 같은 전문직 종사자, 오랜 시간 공공 업무에 헌신한 공무원 등을 한자리에서 볼 수 있다. 그들은 어른들의 교실에 모여 소중한 경험을 함께 나누며 새로운 인생 공부를 시작한다.

마음을 열고 시야를 넓히면 각기 다른 분야에서 열심히 활동해온 전문가 수십 명의 삶을 간접 체험할 수 있다. 그들의 인생을 존중하면서 관심을 기울이다 보면 배울 점이 눈에 띈다. 누군가는 하석태 대표가 영업의 달인으로 자리 잡기까지 눈물 나게 노력했던 모습을 통해 지친 마음을 다잡았을지 모른다. 또 다른 누군가는 자신의 분야에서 정점에 오른 뒤 새로운 꿈을 실현하기 위해 과감하게 다시 도전하는 그에게서 영감을 얻었을지도 모른다. 하 대표의 파란만장한 이야기는 그 자체로 누군가에게 위로와 희망이 된다.

하석태 대표는 좋은 본보기를 보이는 동시에 그 역시 다른 사람의 삶을 이해하면서 배우고 성장했다. 최고위 과정과 같은 배움터는 타인이 살아온 인생을 들여다보면서 사람들과 관계하는 법을 다시 익히는 곳이기도 하다. 인간관계를 통해 자신을 돌아보고 성장의 밑천을 마련할 수 있다. 이건 나이와는 상관없다. 나이가 들어도 계속해서 배울 것이 있고, 그 배움의 기회가 여전히 열려 있다는 것은 참 행복한 일이다.

적이 없는 사람

동양디지털 이강원 대표

동양디지털 이강원 대표는 조용조용한 성품으로 사람들에게 신뢰감을 주는 인물이다. 워낙 조용하다 보니 처음부터 눈에 띄는 사람은 아니다. 하지만 시간을 거듭할수록 그를 좋아하는 사람이 많아지고, 다양한 모임에서 그를 찾는다.

이 대표는 많은 이들에게 좋은 사람으로 기억된다. 절대 튀지 않는 사람이지만, 누구를 만나도 자연스럽게 어울리며 분위기를 부드럽게 만드는 특별한 매력을 가지고 있다. 활발한 사람만이 모임의 분위기를 좌우하는 것은 아니라는 사실을 그를 통해 알 수 있다.

또한 이 대표는 은근한 영업의 고수다. 영업을 잘하는 사람은 대부분 외향적인 성격일 거라는 선입관을 깨고 뛰어난 성과를 이루어

내곤 한다. 하지만 자신을 먼저 내세우지 않는 성격답게 대단한 실적을 올려도 굳이 자랑하지 않는다.

조용한 영업의
고수

이강원 대표는 공업고등학교를 졸업한 후 군 복무 대신 사우디아라비아 현장에서 7년 동안 특례보충역으로 근무했다. 대학은 늦게 입학했다. 친구들은 이미 대학을 졸업한 20대 후반에 가까운 나이에 대학 생활을 시작한 것이다.

이 대표는 7살 정도 나이 차이가 나는 신입생들과 동문수학했다. 나이 어린 동기들은 따뜻한 성품의 그를 좋아하고 따랐다. 직장 생활을 먼저 경험한 다음 뒤늦게 학교에 다녔던 이 대표는 학창 시절의 소중함을 누구보다 잘 알았기에 동기들을 살뜰히 챙겼다. 그때의 동기 중에는 아직도 호형호제하면 지내는 이들이 많다. 학창 시절의 인연은 현재까지 이어져 이강원 대표의 회사에서 일하는 대학 동기와 후배도 있다.

전자공학을 전공한 이 대표는 창업을 꿈꾸고 있었다. 대학을 졸업하고 나서는 무역회사 영업부에서 근무했는데, 이 역시 창업의 발판을 마련하기 위해서였다. 이후 그는 디지털 방송 장비 부품을 판매하는 동양무역(현 동양디지털)을 설립했다. 그리고 사업을 시작한 지 불과 4년 만에 세계 굴지의 스위스 오디오 업체 제품을 수입해 국내로 들여오는 데 성공했다. 이를 계기로 방송용 중계차를 렌털하는 회사를 추가로 설립했다. 독일, 스위스에서 방송 장비를 대여해 방송국에 공급하는 업체였다.

이 대표는 국내 최초로 HDTV 중계차를 방송사에 공급하기도 했다. 그는 중계차 렌털 사업에 박차를 가하면서 10억 원이 넘는 입찰을 속속히 따냈다. 10여 년 전에는 케이블 방송국까지 개국하는 등 계속해서 활발한 성과를 만들어 내고 있다. 방송용 오디오 장비 수주로 매출도 급격하게 느는 추세다.

이강원 대표는 튀거나 두드러지는 법 없이 사람 사이에 녹아든다. 어떤 상황에서도 흔들리지 않고 자신의 자리를 지킨다. 다른 사람의 생각과 행동을 이해하는 능력이 뛰어나다. 조용한 성격으로도 영업의 고수가 될 수 있었던 건 이런 크나큰 재산이 있었기 때문이다.

이 대표는 사업을 잘하려면 남에게 먼저 양보하고 베풀어야 한다고 생각한다. 그리고 항상 그 생각을 실천으로 옮긴다. 아끼고 절약해야 할 곳과 넉넉하게 써야 할 곳을 슬기롭게 구분한다. 자신의 도움이 필요한 일이 있으면 언제나 흔쾌히 협조한다. 이런 모습을 오랫동안 지켜본 이들은 당연히 그를 좋아할 수밖에 없다. 사업적인 목적이 없는 인간관계 속에서도 언제나 스스로 할 일을 먼저 찾아나서는 사람이다.

그의 꾸준한 모습은 이미 방송계에서도 소문이 자자하다. 최고위 과정에 입학했던 방송 관계자 중에도 이 대표의 한결같은 성실함에 동감을 표시하는 이들이 많았다.

누구에게나 참 잘하는 사람

이강원 대표는 업무 특성상 외국 업체와 계약을 맺어야 하는 일이 많아 해외 출장이 잦은 편이다. 그럼에도 불구하고 최고위의 집행부 역할을 위해 최선을 다해 일정을 조율했다. 종종 출국을 늦추고 달려오기도 했다.

이 대표와 함께하는 공간은 유쾌한 공기로 가득하다. 그가 특별히 좌중을 웃기는 것도 아닌데, 진솔한 태도에 사람들은 마음을 열고 집중한다. 그는 조용하게 사람들을 몰고 다니는 재주를 가졌다. 솔직한 모습에서 진정성을 느끼는 것이다.

그는 한마디로 사람들에게 참 잘한다. 함께 식사하면 먼저 지갑을 연다. 식사 중 잠깐이라도 자리를 뜨면 밥값이 계산되어 있다. 이런 적이 한두 번이 아니다. 골프 라운딩을 할 때도 조 편성에 불편함을 내비치는 모습을 본 적이 없다. 모두가 꺼리는 유별난 사람과 한 조가 되어도 언제나 무난하게 맞춰 간다. 그러다 보니 어디서나 가장 함께하고픈 사람으로 손꼽히는 일이 많다.

또한 그는 10여 년을 한결같이 교수님을 찾아뵙는다. 교수님이 참석하는 행사가 있으면 기꺼이 직접 운전을 해서 모시고 온다. 늦깎이 학생으로 공부했던 경험 때문인지 스승에게 각별하다.

늘 겸손한 이 대표의 태도는 몸에 밴 습관처럼 자연스럽다. 그는 항상 온화한 친화력을 바탕으로 사람들의 마음을 편하게 한다. 가끔 저녁 약속이 겹쳐서 식사를 또 해야 할 때도 피곤하거나 성가신 기색 없이 반가운 얼굴로 나타난다. 사람을 좋아하는 그의 모습에 가식은 없다. 그야말로 인간적인 향기가 물씬 풍기는 사람이다.

그에게 사람이 몰리는 이유

한스경제 정순표 대표

기자 출신으로 언론사 한스경제를 운영하는 정순표 대표는 남다른 친화력을 지니고 있다. 그의 탁월한 인간관계 능력은 어디서나 빛을 발한다. 그런 정 대표가 사람들과 어울리는 것을 어려워하는 내성적인 성격의 원우를 회장으로 추대한 적이 있다. 바로 엄지식품의 마영모 회장이다.

"마 회장, 내가 옆에서 잘 도와줄 테니 회장을 맡아 주시게."

정 대표는 마 회장을 최고위 과정에서 처음 만났다. 품위를 지키면서도 자연스럽게 사람들과 어울릴 줄 아는 정 대표는 곧 마 회장과 호형호제하는 사이가 됐다. 마 회장의 리더십을 알아본 정 대표는 그에게 최고위 과정 기수 회장을 권유했다.

"나한테 하라고 하지 말고 형님께서 하시면 되잖아요."

정 대표의 권유에 마 회장은 손사래를 치며 거절 의사를 보였다. 그러자 정 대표는 회장직을 수행하기에는 자신의 역량이 부족하다고 대꾸했다. 이 말에 마 회장의 반격도 만만치 않았다.

"사람들 앞에 서면 떨려서 말 못 하는 거 아시잖아요. 저 보고 회장 하라고 하시면 최고위 과정에 더는 안 나올 겁니다."

하지만 이런 엄포에 물러설 정 대표가 아니었다.

"내가 수석 부회장을 하면서 마 회장을 잘 보좌할게요. 행사 원고도 내가 다 써 드리리다."

결국 마 회장은 정 대표의 회장직 제안을 수락했다.

궁합이 맞는
두 사람

정 대표는 자신이 호언장담한 대로 원우회 임원진을 구성할 때도 가교 역할을 했다. 마 회장과도 잘 맞고 임원으로도 적합한 사람들을 추천하고, 그들이 임원으로 일하도록 설득한 것이다. 여기서 그치지 않고 임원들에게 각각의 위치를 부여하고, 살림살이를 위한 회비도 척척 거두어들였다. 이런 수고를 한다고 해서 정 대표에게 무슨 혜택이 주어지는 것도 아니었다. 정 대표는 그저 인연을 소중히 여겼기에 수고를 아끼지 않았을 뿐이다. 원우회가 잘 굴러갈 수 있게 힘을 보태고, 사람들과 즐거운 자리를 만들어 가는 일 자체를 좋아했다. 인간관계를 유연하게 만드는 그의 재주는 사업할 때가 아니더라도 이렇게 빛났다.

누군가 말을 시키면 울렁증이 생긴다던 마 회장은 기수 회장을 맡고 나서 180도 달라졌다. 이제는 누가 등을 떠밀지 않아도 스스로 일어나 서슴지 않고 건배 제의를 할 정도다. 모두 정 대표 덕분이다.

정 대표는 마 회장에게 사람의 이목을 집중하게 하는 리더십을 배웠고, 마 회장은 정 대표에게 타인과 관계하는 법을 배웠다.

흔히 사회에서 만난 사람과는 쉽게 친해질 수 없다고 한다. 하지만 정 대표와 마 회장을 보면 꼭 그렇지도 않은 것 같다. 열린 마음으로 사람을 받아들이려고 노력하면 꼬리에 꼬리를 물고 가지치기를 하듯, 전혀 인연이 없는 분야의 사람들과도 좋은 만남을 시작할 수 있다. '정 대표가 추천한 사람이라면…' '마 회장이 잘 아는 사람이라면…' 하면서 자연스럽게 낯선 만남에 나설 용기가 생기는 것이다.

두 사람은 바쁜 와중에도 틈날 때마다 함께 시간을 보낸다. 술로 의기투합하기 시작해 1년 사이에 친밀도가 100퍼센트 상승한 관계로 발전했다. 만나지 못할 때는 오랫동안 전화 통화를 한다. 만난 시간은 길지 않지만 막역한 지기가 되어 부족한 부분을 서로 채워 주면서 좋은 인연을 이어 가고 있다.

정 대표는 제주에 머무를 공간을 마련해 두었는데, 마 회장과도 그곳을 자주 찾는다. 부부 동반으로 함께 모여 아내들도 서로 친분을 쌓고 있다. 사업에 열중하느라 아내에게 소홀했던 마 회장은 정 대표 덕에 가족 관계까지 회복해 가고 있다. 또한, 정 대표를 통해 소소한 즐거움이 얼마나 큰 행복을 주는지 하나씩 배운다. 정 대표는 작은 카페에 들어가서도 주인장과 정겹게 이야기를 나누고 마 회장에게는 제주표 라떼가 어떤 맛인지 설명해 준다. 자연스럽고 세심한 배려가 무척 따뜻한 사람이다.

골프를 무척 좋아하고 잘 치기까지 하는 정 대표는 '골프 내기 선수'이기도 하다. 내기 전후의 실력이 확연히 다르다. 슬슬 치다가도 내기를 걸면 바로 자세를 고쳐 잡고 돌변한다. 마 회장은 그런 정 대표를 보고 여러모로 능력자라고 평한다. 서로의 부족함을 메우며 존중하는 그들의 만남은 마냥 행복하다.

필자가 어쩌다가 정 대표에게 물어볼 것이 있어 전화라도 하면 여지없이 마 회장과 같이 있을 때가 많다. "왜 그렇게 항상 붙어 다니세요?"라고 질문하면 서로 허허 웃기만 한다. "의논할 게 있어서 왔다"는 정 대표의 이야기는 거짓말처럼 들린다. 그저 함께 있는 게 좋아서 시간 날 때마다 만나는 것이 분명하다.

그들의 관계는 종종 어릴 적 TV에서 보았던 만화영화 〈톰과 제리〉를 생각나게 한다. 잡히는 자와 잡는 자의 구도가 떠오르기 때문이다. 마 회장은 우스갯소리로 "난 이 형 때문에 살 수가 없다"고 투덜대고, 정 대표는 "당신이 나랑 안 만나 주려고 하니까 그렇지"라며 삐친 표정을 짓는다. 그리고 곧 함께 웃는다. 학창 시절처럼 격의 없이 장난스러운 농담을 할 수 있는 사이가 실로 가장 친한 사이라고 하는데, 그들이 꼭 그렇다. 어린 시절부터 만난 동네 친구처럼 만날 때마다 깔깔거리며 웃는다.

인간관계를 이끌어 가는 건강한 에너지

정순표 대표는 누구에게나 훌륭한 조력자다. 사람 사이의 관계를 진전시키는 특별한 능력을 지녔다. 일상에서 겪은 사소한 사건을 전할 때도 주변 모두의 귀를 쫑긋하게 만드는 이야기꾼이기도 하다. 그는 술도 잘 마시고 노래도 잘하고 운동도 잘한다. 한마디로 '에너지가 좋은 사람'이다. 우리는 에너지가 좋은 사람에게 호감을 느낀다.

누구나 정 대표와 같은 사람을 만나고 싶어 한다. 하지만 그런 사람을 찾기는 쉽지 않다. 자신의 이익을 위해 잠시 친절하거나 이해관계가 걸린 사람에게만 잘하는 사람이 부지기수다. 그러니 믿을 만한 인간관계가 아쉬운 이들은 좋은 사람 찾아 삼만 리도 마다하지 않는다.

에너지가 좋은 사람은 강인한 체력과 건강한 마음을 지니고 있다. 체력도 경쟁력이다. 기운이 넘쳐야 사람을 만나고 교감할 수 있다. 놀라운 것은 체력이 좋은 사람을 꾸준히 만나다 보면 그렇지 않은 사람도 표정이 활기차게 변하면서 활력이 생긴다는 점이다. 사람을 꼬아서 보지 않고 있는 그대로 바라보려고 노력하는 건강한 마음 또한 중요하다. 이런 사람을 대할 때면 말하는 의도를 의심해 보거나 책잡히지 않기 위해 이야기를 꾸며 낼 필요가 없어 편안하다. 의지가 되고 위안이 되는 것은 물론이다.

사람들과 잘 어울리는 이들은 운동도 잘한다. 산도 잘 타고, 소싯적에 축구 정도는 해 본 경험이 있는 경우가 많다. 운동하면서 관계를 쌓아 가는 방법을 스스로 터득한 것이다. 특히 구기 종목 같은 걸 하다 보면 서로 양보하고 배려하는 마음을 저절로 배우게 된다.

능동적으로 인간관계를 이끌어 가는 사람 곁에는 많은 이들이 몰려든다. 그래서 정순표 대표 주변에는 항상 사람이 많다.

꼼꼼한 완벽주의자

미디어컴 조성현 대표

필자와 친분이 두터운 미디어컴 조성현 대표 어머니의 부고 소식을 듣고 장례식장을 찾았다. 평소 말이 많지 않은 그가 영정 사진 앞에서 담담히 어머니에 관한 이야기를 했다.

조 대표는 전라도 신태인의 시골 동네에서 7남매 중 넷째로 태어났다. 아버지가 일찍 돌아가시는 바람에 어머니 혼자 온갖 일을 하며 겨우겨우 생계를 이어 갔다.

가난한 집 7남매 중 넷째

어느 날 성현은 옆집 아줌마가 어머니에게 하는 말을 엿들었다.

"그 많은 애들을 어떻게 혼자서 다 키워? 그러지 말고 고아원에 몇 명 보내지 그래."

당시 초등학교 2학년이었던 조성현 대표는 이 말을 아직도 잊지 못한다.

"아무리 어렵다고 해도 어떻게 애들을 고아원에 보내요?"

어머니의 역정으로 대화는 멈췄지만, 아줌마의 말은 어린 성현의 머릿속을 맴돌았다.

그때부터 조 대표는 밥, 빨래, 청소 등을 완벽하게 해 놓고 장사를 마치고 오는 엄마를 기다렸다. 어린 마음에 '이러면 우리 가족이 흩어지지 않을 수 있겠지' 싶었던 것이다. 어머니의 성품을 가장 많이 닮은 딸이었다. 이런 책임감은 회사를 운영하는 데도 그대로 적용되고 있다.

많은 회사가 '가족 같은 분위기'를 앞세우지만, 사실 그것을 실천하는 곳은 보기 드물다. 하지만 조 대표는 오랫동안 어머니를 비롯한 가족을 책임져 왔기에 진심으로 직원을 가족 같이 대한다.

한번은 미디어컴이 공기업 광고 제작 업체로 선정된 적이 있었다. 모든 작업을 마치고 전산상 접수와 서류 제출만을 남겨 둔 상태였다. 접수 마지막 날 담당 직원은 서류 제출을 위해 경기도에 있는 기관으로 향했다. 그런데 생각지도 않은 일이 일어났다. 담당 직원이 업체 등록을 해 놓지 않아 전산으로 접수 자체를 할 수 없었다. 늘 해 오던 일이었기에 담당 직원이 업체 등록을 하지 않았을 거라는 것은 꿈에도 생각지 못했다.

접수처에 급히 알아보니 업체 등록을 하더라도 인가를 받는 데 3일이 걸린다고 했다. 20여 일간 밤을 새우며 작업했던 5억 원짜리 수주 광고 영상물이 한순간 허공으로 날아간 것이다. 조 대표의 머릿속은 한마디로 '멘붕'이었다. 하지만 그는 '되돌릴 수 없는 상황은 빨리 잊고 현재 할 수 있는 일에 집중하자'는 신조를 지니고 있었다.

빠르게 마음을 접은 조 대표는 담당 직원에게 연락해 별다른 언급 없이 사무실로 들어오라고 말했다. 이후에도 그 일에 관해서는 어떤 질책도 하지 않았다. 일부러 그런 것도 아닌 데다 지금껏 회사를 위해 헌신한 직원을 한순간의 잘못으로 해고한다는 것은 있을 수 없는 일이었다. 담당 직원은 그때의 실수를 교훈 삼아 지금도 미디어컴에서 성실히 근무하고 있다.

조성현 대표는 업무 처리에 있어서 세세한 부분까지 챙기는 완벽주의자다. 그의 눈은 실핏줄이 터지기가 다반사고 간혹 원형 탈모도 와서 주사를 맞는다고 한다. 이 와중에 잔정도 많아 바깥에서 모임을 하다가도 회사로 다시 들어가 야근하는 직원들을 격려하고 간식을 챙긴다.

조 대표는 거래처 관리에도 최선을 다한다. 담당자가 다른 부서로 발령 나도 계속해서 연락하는 것은 물론, 전임자의 경조사도 꼼꼼히 챙긴다. 직급 없는 사원이었던 담당자가 임원이 될 때까지 꾸준히 관계를 유지한다. 한번 맺은 인연의 소중함을 누구보다 잘 알고 살뜰히 보살피는 사람이다.

미디어컴 직원들은 이런 조 대표를 리더로서 절대적으로 신뢰한다.

자기 관리가 철저한 리더

조성현 대표는 사업상 술을 곁들인 마다할 수 없는 회식 자리를 해야 할 때가 많다. 이럴 때 그만의 규칙이 있다.

일단 접대 약속이 잡히면 정해진 시간보다 일찍 도착해서 일할 때처럼 꼼꼼하게 테이블 세팅을 점검하고 서빙할 사람을 지정한다. 그리고 회식이 시작되면 반드시 출입구 쪽에 앉는다. 상대방이 술을 따라 주면 일단 그 술을 받고, 누구도 안 볼 때 요령껏 물컵에 부어 둔 다음 지정해 둔 직원이 수시로 치우게 하는 것이다. 그러고 나서 자리를 마무리할 때가 되면 상대가 무사히 귀가할 수 있게 도와준다.

조 대표는 술을 곧잘 마신다. 하지만 자기 관리에 철저한 그가 이렇게 하는 이유는 회식 자리에서 상대방을 설득해야 하는 중요한 사안이 있을 수 있는데, 자신이 취하면 일이 성사되기 어렵기 때문이다. 그래서 특히 사업적인 이유로 회식을 해야 할 때면 긴장의 끈을 놓지 않는다.

비교적 편한 상대와 술을 마실 때도 마찬가지로 그만의 규칙이 있다. 일단 약속 한 시간 전에 김밥과 우유 등을 먹어 속을 단단히 채워 놓고 약속 장소로 향한다. 그리고 회식이 시작되면 일단 석 잔의 술을 연거푸 마신다. 같이 마시는 사람들의 기선을 제압하기 위해서다.

우리나라에서는 남성들에게는 없는 여성 경영자들만의 고충이 여러 가지가 있는데, 그중 한 가지가 술이다. 남성 경영자들과는 달리 회식에서 많이 취하면 뒷말이 나올 가능성이 높다. 여성 경영자는 처세에 더욱더 각별한 신경을 써야 한다. 때로는 여성 경영자가 회식 자리에서 흐트러지지 않고 자신을 잘 조절하는 것도 실력으로 평가된다. 요즘에도 그렇게 차별적인 생각을 하는 사람이 있나 싶겠지만, 여전히 편견을 가지고 세상을 바라보는 이들이 있다. 조 대표가 그 견해에 찬성하는 것은 아니지만 사업하는 입장에서 하나라도 꼬투리가 될 만한 일은 만들지 말자는 생각에서 조심하는 것이다.

한편, 조성현 대표는 '리더는 몸과 마음이 건강해야 한다'는 것을 늘 강조한다. 필자가 올해로 15년째 조성현 대표를 보아 왔는데, 체력 단련을 위한 노력이 대단하다. 작은 체구임에도 어려서부터 한국 무용을 해서인지 몸이 유연하고 운동 신경도 뛰어나다. 근력 운동 또한 꾸준히 해 나이를 가늠하기 어렵다.

　조 대표는 감정의 뇌를 조절하고 명석한 판단력을 키우기 위해 마음 근육을 단련하는 것도 게을리하지 않는다. 다양한 공부를 하고 끊임없이 고민하면서 회사의 성장을 위해 노력한다. 그동안의 경험과 이러한 노력의 결과로 자연스레 마음의 근육이 단단해져 이제는 사업적인 측면에서 후배들에게 도움을 줄 수 있는 영향력까지 갖추게 됐다. 7남매를 키워 온 어머니의 억척스러운 근성이 그대로 묻어나는 모습이 아닐 수 없다.

관계의 형평성을 간파하다

법무법인 지평 황인영 변호사

사회생활을 하면서 가장 어려운 점을 꼽으라면 '인간관계'라고 말하는 이들이 많을 것이다. 인간관계가 잘 풀리면 일상에도 활력이 생기지만, 인간관계가 꼬이면 그것만큼 스트레스를 주는 것도 없다. 누구를 만나든 자연스럽고 편안하게 말을 주고받으며 감정을 나누고 싶지만, 실제로 사회생활을 하다 보면 그 또한 재능이 필요하다는 것을 실감하게 된다.

힘을 빼고 유연하게 관계를 지속하는 일은 의외로 어렵다. 타인에 대한 이해도가 높고, 자신이 어떤 사람인지 명확하게 인식하고 있어야 한다.

누구나 한 가지 모습만 가지고 있지 않다. 늘 차분하다고 생각했던 사람이 어떤 부분에서는 누구보다 열정적이고, 항상 긍정적이라고 생각했던 사람도 냉소적인 일면을 가지고 있다. 여러 가지 상황에서 다양한 모습을 지켜봐야 비로소 그 사람의 총체적인 면모를 파악할 수 있다. 그런데 태생적으로 인간의 다양한 면모를 잘 파악하는 사람이 있다. 다른 사람이 봤을 때는 그냥 평범한 안부 문자인데, 그 안에 담긴 우울함을 눈치채고 달려오는 사람 말이다. 필자가 아는 이들 중에는 황인영 변호사가 바로 그런 사람이다.

툭툭 내뱉는 말속에 담긴 진심

필자가 황인영 변호사를 처음 본 것은 2018년 3월이다. 만난 지 얼마 되지 않았을 무렵 아버지의 장례를 치른 그가 단톡방에 소회의 글을 올렸다. 원우들에게 감사의 말을 전하는 글에는 돌아가신 아버지를 향한 그리움이 담겨 있었다. 그 내용을 아래에 일부 옮겨봤다.

이제 일상으로 복귀합니다. 아버지는 이 세상에서 할 일을 다 했으니, 아무런 걱정 없이 저세상으로 가도 된다고 하셨습니다. 병상에 누워 계신 아버지께, 의식조차 없으신 아버지께 "아버지,

괜찮아. 걱정 말고 가. 아버지는 편히 저세상으로 가실 자격이 있어요. 잘 가요" 이렇게 수없이 속삭여 드렸습니다. 그리고 아버지께 저를 통해 세상을 누리시라고 했습니다. 제가 즐겁고, 바르고, 행복하게 사는 모습을 보면서 이 세상을 누리시라 했습니다. 새삼스럽게 잘 살아야겠다는 생각을 해 봅니다. 감사합니다. 여러분들의 위로가 정말 큰 힘이 되었습니다.

필자는 황 변호사의 글을 읽고 또 읽었다. 담담한 문장 사이로 아버지를 향한 짙은 애정이 묻어났다. 여러 가지 감정이 울컥 올라왔다. 간결한 감사의 말속에 단단한 마음이 느껴져서 쉽게 눈을 뗄 수가 없었다.

평소의 황 변호사는 능동적으로 나서야 할 때와 넌지시 빠져야 할 때를 아주 잘 구분하는 사람이다. 곰 같은 여우처럼 행동하며 관계를 유지한다.

"대화는 그때그때 서로 핑퐁 하면서 나누는 것이지, 내가 리드하기만 하는 건 피곤하다"라고 말하는 그는 인간관계의 상호작용을 중요하게 생각한다. 하지만 어떤 관계든지 표현을 해야 더 나아갈 수 있다고 믿기에 "상대가 어떻게 생각하는지도 중요하지만, 때로는 내가 어떻게 다가서느냐가 먼저일 때도 있다"고 이야기한다.

스스로 "나는 좋은 사람은 아니다"라고 하는 황 변호사는 자신을 비롯해 사람이라면 누구나 다양한 면모를 지니고 있다는 것을 매우 잘 알고 있다. 그렇기에 때와 장소, 사람과 상황에 따라 적절하고 유연한 태도를 보일 수 있는 것이다.

황 변호사가 지극히 편안한 사람들과 있을 때는 표현이 좀 더 직설적이다. 하지만 느슨하게 내뱉는 말속에도 숨은 함의가 담겨 있는 경우가 많다. 누군가를 떠올리며 "눈에 밟힌다"고 이야기할 때는 마음이 쓰인다는 의미다. "니들 때문에 망했어"라는 말은 돈 되는 일도 아닌데 뛰어들어 열심히 하는 모습을 보니 안쓰럽다는 뜻을 반어적인 느낌으로 표현한 것이다. "되는 일이 없어"라고 성가신 척 에둘러 하는 말은 이렇게까지 신경 쓰려던 것은 아닌데 자꾸 들여다보게 된다는 이야기다. "여기선 먹거리가 없어. 그냥 놀아"라는 말속에는 성과가 드러나는 일이 아니니 편하게 즐기자는 뜻이 담겼다.

유난히 팍팍 후비는 듯한 표현 방식은 사실 정이 가득한 걱정의 말이다. 너무 친한 사이에는 있는 그대로 표현하는 것이 때로는 서로 낯간지러울 수 있기에 서로 부담을 느끼지 않게 툭툭 내뱉는 말속에 걱정을 담는 것이다. 글로만 봐서는 얼핏 쌀쌀맞아 보이지만 사실은 무엇보다 따뜻한 위로가 담겼다.

황 변호사는 무겁고 어색한 분위기를 환기해 편안하게 만드는 데 뛰어난 재주가 있다. 필자는 종종 많은 이들에게 둘러싸여 있는 그를 목격한다. 그는 분명 아니라고 손사래를 치겠지만 슬기로운 인간관계의 해법을 알고 있는 것이 분명해 보인다.

순간에 충실한
사람

황 변호사는 사람을 대할 때 항상 그 순간에 충실하다. 그때그때 모임의 흐름에 어울리며 분위기를 화기애애하게 하는 데 일조한다.

골프를 칠 때도 승부에 열중하기보다는 함께하는 원우들과 재미있게 이야기를 나누는 시간을 더 즐기는 듯하다. 하지만 힘을 빼고 툭툭 던지는 이야기 덕분에 함께 골프를 치는 상대도 덩달아 가볍게 공을 칠 수 있다. "그냥 툭 치면 돼요" "지금 샷 아주 좋았어요" "그렇게 하면 공이 앞으로 잘 갑니다. 믿어요, 자신의 샷을"이라며 편하게 건네는 응원은 긴장을 가라앉히고 안정감을 준다.

지인들은 황 변호사를 일컬어 '라베(라이프타임 베스트 스코어Lifetime Best Score) 제조가'라고 부른다. 함께하는 이들을 극도로 편안하게 해서 최고의 샷을 만들 수 있게 하기 때문이다. 그와 함께 골프를 치면 희한하게도 꿈꾸던 점수를 올리는 일이 많다. 사실 황 변호사의 코치는 별스러운 말도 아니다. 하지만 골프 모임 동반자들은 늘 그에게 감사를 표한다. 그가 끊임없이 긍정적인 말을 해 준 덕분에 자신감이 생겨서 최고의 샷을 만들 수 있었다고 이야기한다.

필자 또한 황 변호사가 내뱉은 긍정적인 말이 힘을 발휘하는 모습을 본 적이 있다. 그와 함께 골프를 치면 실수는 줄어들고 생애 첫 베스트 스코어를 경험하는 일도 종종 생긴다. 더러는 그와 골프를 치고 난 후 "내 생애 첫 골프 샷감을 찾았다"고 말하는 사람도 있다. 뒤풀이에서 황 변호사에게 고마움을 표현하며 기뻐하고, 다음번 골프 약속을 또 잡는다. "그와 골프를 치면 라베를 할 수 있다"는 소문이 퍼지는 바람에 황 변호사는 함께 골프를 치고 싶은 사람으로 인기를 독차지하고 있다.

골프 모임에서는 주로 실력이 비슷한 사람끼리 조 편성이 되는 것을 선호한다. 하지만 황 변호사는 초보자와 조 편성이 되어도 마다하지 않는다. 그렇다고 그가 경기에는 관심이 없고 사람들과 이야기를 나누고 데만 집중하는 것은 아니다. 다른 사람에게는 관대하지만 자신에게는 냉정하다. 자신의 순서에서는 진지하게 집중력을 발휘해 평균 이상의 실력을 보여 준다. 그러니 골프를 한 번 같이 치기만 하면 누구나 그에게 매료된다.

모임을 운영할 때 분위기를 화기애애하게 이끌어 주는 이가 있으면 무척 든든하다. 황 변호사는 인간관계를 건강하게 오랫동안 유지하려면 힘을 빼야 한다고 말한다. 골프든 인생이든 힘 빼고 '툭' 있는 그대로 마주하면 편하고 부드러워진다는 것이다. 티 나지 않게 양보하고 무심한 듯 챙겨 주는 황 변호사는 항상 모임의 흐름에 중요한 역할을 하는 보배 같은 사람이다.

2부
리더들의
놀이터

> " 리더는 일정한 형태의 그릇에
> 국한되어서는 안 된다. "
>
> – 공자, 군자불기君子不器

리더는 왜 지금
사람들을 만나는가

인생 2막을 준비하다

최고위 과정에는 기업의 대표나 임원, 공직자, 각 분야의 전문가 및 홍보 담당자 등이 등록한다. 다양한 분야에서 일하는 사람들을 한꺼번에 만날 수 있는 자리가 주어지는 것이다. 자신의 분야를 넘어 여러 업종에서 활약하는 수많은 전문가를 동시에 마주할 수 있는 곳이 또 있을까 생각해 보면, 쉽게 떠오르지 않는다. 그만큼 특별한 기회인 셈이다.

대학원 최고위 과정은 보통 13주간 진행되며 국내 세미나, 해외 연수, 산업 시찰, 스피치, 3교시(뒤풀이) 등의 프로그램을 통해 서로를 알 수 있는 계기를 충분히 제공한다. 이 과정을 거치면서 어떤 원우와 만나느냐에 따라 제2의 인생이 펼쳐지기도 한다. 누군가는 평생의 친우를 사귀고, 누군가는 사업을 더 번창하게 하는 귀인을 만난다. 인생의 멘토와 조우하기도 하고, 전혀 새로운 길을 열어 주는 사람과 인연이 닿기도 한다.

예기치 못한 행운이 펼쳐지는 곳

최고위 과정에는 강의 프로그램만 있는 것이 아니라 원우들의 관심을 끄는 각종 동호회 또한 갖춰져 있다. 그리고 이 동호회를 통해 인생의 전환기를 맞는 사람들이 있다.

골프, 사이클, 산행, 문화 예술 등 관심 있는 취미에 따라 동호회를 선택하면서 새로운 인연과 연결된다. 학교를 벗어나 외부의 공간에서 함께 취미 활동을 하다 보면 절로 단합하게 되기 마련이다. 그러면서 사업적으로 도움을 주고받기도 하고, 정말 마음에 맞는 친구를 만나기도 하는 등 다양한 변화가 일어난다.

최고위 과정 총동문회 산악회에서 처음 만난 신 대표와 임 대표는 산을 오르면서 친분을 쌓았다. 이야기를 나누다 보니 동종 업계임을 알게 됐고, 일과 취미에 관한 생각을 공유하면서 친분은 더욱더 두터워졌다. 급기야 한때 각각의 회사를 BTL마케팅 서비스 업체로 합병해 함께 운영하기까지 했다.

최고위 과정과 같은 곳에서 만난 사람들은 누구에게도 말 못했던 자신의 이야기를 스스럼없이 꺼내면서 고충을 나눈다. 단단하고 믿을 만한 울타리라 여기기 때문이다. 그러다 보면 신 대표와 임 대표처럼 마음이 잘 맞는 리더들은 사업적인 측면에서 한 단계 발전하는 계기를 만들기도 한다.

또한 과정 내에서 자신이 맡은 역할을 성실하게 수행하다 보면 뜻하지 않은 행운이 생기기도 한다. 최선을 다하는 사람은 어디서나 눈에 띄기 마련이다. 그 모습을 익히 지켜본 원우회 동문들이 도와줄 일이 생겼을 때 먼저 손을 내미는 것이다. 바쁜 시간을 쪼개서 봉사하는 원우회 임원들에게 생각지도 않은 행운이 종종 찾아오는 이유다.

대기업 임원으로 일하는 한 원우는 CEO 과정에서 만난 중소기업 대표들에게 업무적인 도움을 준다. 이왕이면 과정을 통해 검증된 성실한 업체에 일을 맡기고 싶기 때문이다. 반대로 중소기업을 운영하는 원우가 대기업 임원들에게 손을 내밀어 이직을 권하기도 한다. 지식과 경험이 풍부한 대기업 임원 출신의 원우와 함께 회사를 더욱 성장시키겠다는 생각에서 비롯된 행동이다. 배움을 함께 하면서 꾸준히 상대를 지켜보고 관계를 돈독히 하며 영입할 만한 인재를 탐색하는 것이다.

리더들의 배움터에서는 이렇게 예상치 못한 만남이 잦다. 어떤 과정을 선택해서 어떻게 보내느냐에 따라 인생이 달라지기도 한다.

특혜가 주어지는
과정

최고위 과정에서 인생의 2막이 새롭게 열릴 수도 있다는 것을 아는 사람은 수업에 충실히 참여하는 동시에 자신의 길을 개척하기 위해 최선을 다한다. 행운의 열쇠를 손에 쥘 수 있는지는 그러한 모습이 원우들에게 어떻게 비치는가에 달렸다. 평소 행동과 사람을 대하는 태도에서 진심이 느껴져야 한다. 만약 판사나 검사 원우가 사람들과 좋은 관계를 맺으면 퇴직 후 변호사 사무실을 개업했을 때 동문이 그곳을 찾는다. 가장 중요한 것은 됨됨이다. 리더들은 수치로 확인할 수 있는 성과나 업적보다는 행동과 태도를 바탕으로 신뢰 지수를 매긴다.

제1금융권에서 오랫동안 일했던 원우가 퇴직 후 제2금융권의 임원으로 새롭게 출발했다. 이 또한 CEO 과정에서 쌓은 신뢰를 바탕으로 이루어진 일이다. 신뢰 지수가 높은 원우에 대해서는 서로 모시기 위한 경쟁이 치열하다. 능력 있고 경험도 풍부한 데다 예의까지 갖추었다면 자신의 모습을 있는 그대로 보여 주는 것만으로도 탄탄한 자리를 확보할 수 있다.

어찌 보면 이러한 과정의 수강 자격을 얻는 것 자체가 특혜일 수 있다. 이 특혜를 어떻게 활용하느냐에 따라 인생 2막을 준비하는 특별한 과정이 시작되기도 한다. 이전과는 전혀 다른 새로운 삶이 펼쳐질 기회가 주어지는 것이다. 물론 모든 과정에 능동적으로 참여하고 다양한 사람과 교류하면서 주어진 특혜를 적극적으로 활용할지 말지는 자신의 선택이다. 하지만 틀을 깨고 변화를 추구하려는 사람과 틀 안에 안전하게 머물고 싶어 하는 사람의 삶은 확연히 다르다.

언뜻 친목을 위한 모임에 나가는 것은 그다지 중요하지 않은 일처럼 여겨지기도 한다. 바쁜 와중에 인간관계까지 챙기려니 시간이 아깝다는 생각이 들기도 한다. 하지만 사람과 관계를 맺고 그것을 좋은 방향으로 유지하는 일은 누가 대신해 줄 수 없다. 잘 다져진 인간관계는 어느 순간 크나큰 자산이 된다. 그건 돈으로 환산할 수 없는 가치다.

바쁜 일정 탓에 시간이 늦어 수업에 참석하지 못했더라도 이어지는 뒤풀이에 들른다면 인생이 달라질 수도 있다. 사람들은 사소한 행동에 담긴 다정한 태도에 마음을 연다. 관계는 한순간에 쌓이는 것이 아니다. 오랫동안 정성을 들여야 한다. 소중한 시간을 어디에 어떻게 집중할 것인가는 스스로 판단해야 한다.

인생 2막에서 더욱 행복하게 여유로움을 즐기고 싶다면, 은퇴 후에도 자신의 경력을 살려 새로운 도전을 하고 싶다면, 삶의 비결과 인생 경험을 다른 분야에서 나누고 싶다면, 리더들의 배움터는 그 기회를 연결해 주는 오작교가 될 것이다. 단순한 인맥 관리가 아닌, 인생에 변화를 가져오는 인연을 만나는 자리 말이다.

설득의 미학

필자는 과정에 등록하려는 사람을 만나기 전에 추천인을 통해 상대방의 신상을 미리 파악한다. 그 사람에 관해 알고 있어야 자연스럽게 이야기의 문을 열고 공감을 나눌 수 있다.

드디어 주인공을 마주하면 옷매무새를 단정하게 고친 다음 먼저 악수를 건넨다. 그때마다 필자는 젊은 시절 소개팅을 나가던 순간의 설레는 기분이 되살아난다. 이런 두근거림이 펼쳐지는 새로운 만남을 25년 동안 경험해 왔다.

그다음부터는 설득의 시간이다. 설득은 치밀하되 은근해야 한다. 상대방을 배려하면서 이야기에 귀 기울이는 동시에 주도권을 놓치지 않고 자연스럽게 과정에 흥미를 느낄 수 있도록 유도해야 한다.

앞으로의 인연이 어떻게 이어질지 기대와 긴장이 공존하는 순간 이다.

필자는 매 학기가 시작될 때마다 "나는 수십 명의 수강자와 연애한다"라고 첫 소견을 말한다. 종강 때는 "여러분들은 제 마음에 ○○하게 새겨져 있다"라고 운을 띄우며 원우 한 명 한 명에 관해 이야기한다. 과정이 진행되는 동안 성심성의껏 지켜봤던 원우들의 모습과 그들에게 느낀 감동을 진솔하게 전한다. 수없이 많은 CEO 과정 중에서 필자가 속한 곳을 선택한 이들을 향한 소소한 보답이다.

새로운 인연을 만나는 순간

입학할 사람을 추천받으면 일단 전화로 연락을 하는데, 그전에 짧게 마음을 다잡는다. 오직 예비 원우에게만 온 신경을 집중하는 자기 암시의 시간이다. 상대방을 설득하기 위한 필자만의 주변 정리인 셈이다. 이윽고 전화를 걸어서 통화 연결음 끝에 첫 목소리가 들리면 "○○○ 대표님 맞으신지요? △△ 대표이사님 추천으로 연락드렸는데, 지금 통화 괜찮으세요?"라고 정중하고 분명하게 이름과 직함을 확인한다.

처음으로 전화 통화를 했을 때 상대방이 질문을 하면 이미 절반은 성공이다. 질문을 한다는 것은 관심이 있다는 뜻이기 때문이다. 이때부터는 주저하지 않고 과감하고 적극적인 설득에 들어간다.

하지만 현재 자신이 처한 상황을 설명하면서 지금 당장은 등록이 어렵다는 뜻을 비치면 한 학기의 여유를 주거나 다음번 약속을 받아 낸다. 이때 필자는 상대방과 나누었던 대화 내용을 노트에 기록해 둔다. 그리고 다음 등록 기간이 됐을 때 다시 전화를 걸어 지난번 통화의 기억을 상기해 준다. 아직 대면한 적 없는 낯선 상대지만 지난 기억을 통해 마치 알던 사람과 오랜만에 다시 통화한 것처럼 느끼게 하려는 의도다. 이와 동시에 상대방의 이야기를 허투루 듣지 않았다는 것을 각인시키는 필자만의 전략이다.

이따금 추천인이 상대에 대한 별다른 설명 없이 연락처만 전해 줄 때가 있다. 그러면 순간적인 느낌으로 대화를 이끌어 가야 한다. 먼저 따뜻한 어조로 목소리를 가다듬고 조심스럽게 말을 건 다음 귀를 기울인다. 그리고 수화기 너머에서 들려오는 상대방의 음성과 어법과 태도를 통해 성격을 유추하면서 어떤 방향으로 대화를 시도할지 빠르게 판단한다. 이때 가장 중요한 것은 집중력이다.

예비 원우에 관한 정보가 많다고 설득이 잘되는 것은 아니다. 그보다 중요한 것은 절실함이다. 누군가 낯선 사람에게 스스럼없이 자신의 이야기를 꺼내게 되는 순간은, 자신에 대한 대화 상대의 관심이 극대화됐을 때다. 그렇기 때문에 상대방을 향한 강한 집중은 종종 놀라운 힘을 발휘해서 그 어느 때보다 이야기가 술술 풀리는 마법을 부린다.

상대방이 흥미를 느끼는 게 분명해 보인다면 이제 구체적인 수업 내용과 다양한 프로그램에 관해 이야기한다. 수료한 동문이 많을수록 업무적으로 이어질 가능성도 크기 때문에 그런 부분을 알고 싶어 하는 예비 원우도 있는데, 이들을 위해 과정 안에서 인간관계를 다지는 방법을 설명하기도 한다.

강의만 중요한 게 아니다. 어떤 모임이든 서로를 알아가기 위해서는 뒤풀이가 중요하다. 바로 이 뒤풀이를 속칭 '3교시'로 부른다. 보통 대학원의 최고위 과정은 1교시와 2교시의 정규 수업으로 이루어진다. 그 때문에 정규 수업 이후의 뒤풀이를 3교시라는 별칭으로 부르게 됐다.

강의실에서는 단순히 명함만을 건넸다면 뒤풀이에서는 좀 더 깊이 있는 만남이 이루어진다. 자신의 이야기를 들려주고 상대방의 이야기를 듣는 자리다. 편안한 분위기 속에서 리더들만의 공감대가 자연스럽게 형성되고, 대화가 멈추지 않고 이어지며 이곳저곳에서 웃음소리가 터져 나온다. 그전까지는 서로 낯선 삶을 살던 이들이 강의실 밖에서 한데 모여 왁자지껄한 사방의 소란을 뚫고 묘하게 어우러지는 모습은 매번 새삼스럽고 신기하다.

사소한 소재로 박장대소하면서 했던 이야기를 거듭하며 웃는 모습이 좋아하는 친구를 만나 수다 떨기에 바쁜 아이들과 다를 바 없다. 건배 제의라도 한번 하려면 땡땡땡 종을 몇 번이나 울려서 주변을 환기해야 겨우 집중시킬 수 있다. 기쁜 일은 축하하고 고충은 덜어 주면서 서로 도움을 나누려 한다.

배움터에서 만난 이들은 서로를 조건 없이 신뢰한다. 등록 과정에서 인적 네크워크가 검증됐으리라 여기기 때문이다. 여기까지 이야기가 진행되면 대부분 등록을 희망한다. 배움을 토대로 진정한 인간관계가 이어지기를 꿈꾸는 것이다.

마음을 얻는
방법

"야니(필자의 닉네임)에게 한번 물어보자."

솔직하게 터놓는 부탁의 말을 들으면 마음이 분주해진다. 어떻게 도움을 줄 수 있을지 고민을 거듭한 끝에 해결 고리가 될 만한 사람을 찾아 연락한다.

CEO 과정은 나이와 경력을 뛰어넘어 자신의 모습을 꾸밈없이 드러낼 수 있는 리더들의 놀이터다. 그리고 과정의 담당자는 그 놀이터를 지키는 파수꾼과 같다. 가끔 필자에게 부탁을 하거나 조언을 구하는 원우가 있는데, 그때마다 발 벗고 나서서 도움을 주기 위해 분주한 이유도 그 때문이다.

필자는 그동안 담당했던 과정을 수료한 2,200여 명의 이름을 모두 외우고 있다. 골프 대회가 열리면 참석한 원우들에게 이름표를 건네면서 기억력을 점검해 보기도 한다. 물론 단순히 이름만 기억하는 것은 아니다. 좋아하는 음식과 장소 등 취향까지 함께 기억하고 있다가 만났을 때 그 사실을 상기한다. 그러면 대부분 놀라는 동시에 기쁨을 감추지 못한다.

원우들에 관해 많은 것을 기억하려고 애쓰는 이유가 그저 호감을 사기 위해서는 아니다. 만약 돼지고기를 먹지 못하는 원우가 모임에 참석한다면 약속 장소는 삼겹살집을 피해서 잡는다. 원우들에 관해 많이 기억할수록 보살피고 배려할 수 있는 부분이 많아진다.

CEO 과정의 담당자는 사감 선생 같은 역할을 해야 할 때도 있다. 연수를 가면 아무리 나이가 지긋한 원우들이라 하더라도 수학여행을 떠나는 학생처럼 들뜨기 마련이다. 이때 과정의 담당자들은 눈에 불을 켜고 모든 것을 살핀다. 일탈로 인한 문제를 최소화하기 위해서다. 뒤풀이에서 술이 과해 잡음이 들릴 때도 담당자가 등장한다. 지켜보는 관계자가 있으면 나름의 질서가 잡히기 때문이다. 한 학기 동안 과정이 아무 탈 없이 무사히 흘러가도록 진행하기 위해 여러모로 최선을 다한다.

이 리더들의 놀이터는 필자의 청춘이자 에너지원이다. 필자는 20여 년의 세월을 이곳에 고스란히 쏟아부었다. 원우들을 지켜보고 기억하는 것은 이제 너무 당연한 일상이 됐다. 사람을 좋아하지 않고는 해내기 힘든 일인 것은 분명하다.

어느 날, 한 여성 원우로부터 일이 너무 많아 며칠째 계속해서 야근하고 있다며 우울하다는 하소연을 들었다. 집에서 저녁을 먹던 필자는 급하게 도시락을 만들어 그를 찾아갔다. 문제를 해결해 주거나 대단한 위로를 전한 것은 아니다. 그저 식사를 챙겨 주면서 일하는 게 많이 힘드냐고 물었다.

감기에 걸려 연신 기침을 하는 원우를 보면 생강과 대추를 달인 보온병을 들고 찾아간다. 이 역시 어떤 보답을 바라고 하는 행동은 아니다. 잠시라도 서로 감정이 통하는 따뜻한 순간을 나눌 수 있다면 그것으로 충분하다. 이 사람 저 사람을 챙기다 보면 오히려 필자가 힘을 얻는다. 사사로운 것을 챙기고 마음을 표현하는 것만으로 살맛 나는 일상이 만들어진다.

누군가의 마음을 얻거나 설득하기 위해서는 관심을 두고 그걸 실천하는 방법이 최선이다. 사실 특별할 건 없다. 진심이 전부다. 진심을 담아서 관심을 표현하면 언제든 부메랑처럼 돌아온다. 필자가 원우들에게 애정을 들인 만큼 그들 또한 필자가 운영하는 과정에 애정을 쏟는다. 진심으로 좋은 사람을 찾으면 누군가 괜찮은 지인을 추천해 준다. 진심을 담은 노력이 켜켜이 쌓여 지금까지의 역사가 된 것이다.

관계하는 법을 새로 배우다

젊은 리더 중에는 아직 경영인으로서 해야 할 역할을 제대로 익히지 못한 상태에서 한 회사를 이끄는 자리에 올라선 이들도 있다. 이럴 때 CEO 과정에 등록해 자신의 어려움을 오픈하면 인생 선배의 무궁무진한 경험담이 쏟아진다.

선배들이 미리 겪은 성공과 실패의 경험담은 젊은 리더들에게 많은 교훈과 깨달음을 준다. 어디에서도 쉽게 배우기 힘든 삶의 지혜는 돈으로 살 수 없는 값진 자산이다. 선배들의 경험을 자신의 것으로 흡수하고 보다 넓어진 시각으로 사업을 하다 보면 어느새 한층 성장한 모습과 대면하게 될 것이다.

변화를 받아들이는 유연한 태도를 갖추었다면 선후배의 만남은 더욱 특별해진다. 사소한 이야기 하나도 놓치지 않고 맞장구치는 후배가 있다면 선배는 무엇이라도 더 가르쳐 주기 위해 적극적으로 나선다.

뛰어난 능력을 갖추고 있지만 좁은 인맥과 관계 설정의 벽에 부딪혀 어려움을 겪는 젊은 리더에게 CEO 과정과 같은 배움터는 한 발짝 다시 도약할 수 있는 발판이 되어 주기도 한다.

행운을 가져다 주는 만남

CEO 과정에 등록하는 이들 중에는 "좋은 사람과 만날 수 있도록 기회를 만들어 달라"고 요청하는 사람들이 있다. 평판이 검증된 좋은 사람과의 만남을 고대하는 것은 당연하다. 이는 사업적인 이익을 얻기 위한 만남을 뜻하는 것이 아니다. 대부분 취미가 같거나 하는 일이 연관되어 고충을 나눌 수 있는 관계를 원한다.

관계를 소중하게 여기는 사람에게는 반드시 좋은 만남이 찾아온다. 그 만남의 자리에서 다양한 이야기를 듣다 보면 수많은 간접 경험이 쌓인다. 그저 좋은 사람들과 시간을 나눈다고만 생각했던 자리가 언젠가 뜻하지 않은 행운을 가져오기도 한다.

사업을 시작한 지 얼마 되지 않은 디자인 회사의 여성 대표가 있었다. 그는 스스로 실력이 있다고 자부했지만, 사업적으로는 생각보다 일이 잘 풀리지 않아 고민이었다.

　주어지는 작업을 마다하지 않고 열심히 하면 언젠가 빛을 볼 수 있으리라 생각했다. 하지만 많은 업체와 일을 했다고 실력을 검증받을 수 있는 게 아니었다. 현실은 어디와 거래했는지가 곧 실력이 되는 세상이었다. 즉 대기업의 디자인 작업을 했다고 하면 그 업체에 관한 검증이 끝나는 식이었다.

　사업이 더 나아갈 수 있는 돌파구를 찾지 못해 힘든 시기에도 그는 늘 모임에 성실하게 참여했다. 아버지 제사가 있던 날도 제주에서 열린 행사에 참석했다가 제사를 지내기 위해 당일에 다시 대구로 갈 정도로 열정적이었다. 당연히 원우회 선배들은 항상 의리를 지키기 위해 노력하는 그를 눈여겨봤다.

　모든 일에 최선을 다하는 젊은 리더를 보면 누구라도 도움을 주고 싶어 한다. 먼저 나서서 이야기하지 않아도 마음의 장벽을 허문 선배들은 알아서 손을 내밀어 힘을 보태 준다. 회사가 한 단계 더 도약할 기회는 그렇게 뜻하지 않은 순간 찾아왔다.

　안타깝게도 아직 우리 사회는 인맥으로 이루어지는 일이 많다. 대기업 임원이 어떤 업체에 일을 연결해 주는 것 또한 종종 마음먹기에 달렸는데, 모임에서 신뢰를 쌓은 이 젊은 디자인 회사 대표에게도 드디어 그런 행운이 온 것이다. 그를 좋게 본 한 대기업 임원 원우가 일거리를 연결해 주었다. 물론 합법적인 범위 내에서 이루어진 일이었다.

처음은 인맥으로 일을 따낼 수 있어도 지속해서 작업을 이어 가며 업계에 자리를 잡기 위해서는 당연히 실력이 뒷받침되어야 한다. 실력과 더불어 성실함까지 갖춘 젊은 리더는 고마운 마음으로 기꺼이 주어진 기회를 붙잡았다. 지금도 리더들의 놀이터에서는 이런 빛나는 만남이 계속 이어진다.

도움을 주고받을 수 있는
긍정적 연결 고리

같은 분야가 아니더라도 도움을 주는 일은 가능하다. 어떤 분야의 전문가가 되기 위해 오랫동안 지식을 쌓아 오면서 경험했던 수많은 상황은 다른 분야에도 지혜를 나눠 주기에 충분하다. 리더들의 놀이터는 이와 같은 사람을 만나 인생의 멘토로 삼을 수 있는 최적의 곳이다.

타인의 이야기를 진심으로 듣는 사람은 장소를 불문하고 어디에서든 뜻깊은 시간을 경험한다. 수업이 끝나고 뒤풀이가 벌어지는 장소 또한 그런 곳이 될 수 있다. 원우들은 뒤풀이에서 자연스럽게 공감대를 이루며 편안히 대화를 나눈다. 진지하고 감동적인 이야기부터 웃고 시시콜콜한 이야기까지 이것저것 나누다 보면 시간 가는 줄을 모른다. 그때마다 학창 시절 이야기로 한 시간은 너끈히 말을 이어 가는 이야기꾼이 기수마다 한두 명씩은 꼭 등장한다.

한번은 뒤풀이에서 〈범죄와의 전쟁〉이라는 영화에서 주인공 최민식이 금두꺼비 한 냥을 주머니에서 꺼내 검사에게 뇌물을 주는 장면이 사람들 입에 오르내리고 있었다. 그때 한 시중 은행의 본부장으로 일하는 원우가 금두꺼비에 얽힌 자신의 이야기를 들려줬다.

그는 할머니가 여행 간 틈을 타 자개농에 숨겨 두었던 금두꺼비 한 냥을 훔쳤다. 그러고는 국제시장으로 가서 금두꺼비를 현금으로 바꾸었다. 그다음 평소 묵고 싶었던 호텔을 숙소로 잡고 놀았다는 것이다. 금두꺼비 한 냥이면 그때 돈으로 어마어마한 금액이었다. 어린 나이에 꿈에 그리던 호텔 스위트룸의 숙박비와 술값으로 금두꺼비를 탕진했다는 과감한 후일담을 넉살 좋게 꺼내 놓자 모든 시선에 그에게 몰렸다.

어려서부터 금전 감각이 남달랐던 그의 과감한 행적에 원우들은 크게 웃었다. 이 금두꺼비 사건의 호탕한 주인공은 다른 기수의 한 원우에게 큰 힘이 되어 준 적이 있다.

어느 날 필자는 굉장히 다급한 전화 한 통을 받았다. 어찌할 바 모르는 목소리로 전화를 건 사람은 출판사를 운영하는 박 대표였다. 그는 담보 대출 계약 건과 관련한 이야기를 꺼냈다. 거래 은행에 대출 기간 연장을 요청했는데 거절당했다는 것이었다. 평소 이자를 잘 내고 있었기에 당연히 기간 연장이 될 줄 알았다가 이런 상황이 닥쳐서 무척 당황해했다. 급히 다른 은행을 알아보았지만, 마찬가지로 대출이 안 된다는 통보를 받아 머릿속이 더 복잡해졌다고 했다.

필자는 이 딱한 사정을 '금두꺼비' 은행 본부장에게 전했다. 그랬더니 그가 자신이 일하는 은행에서 대출이 이루어질 수 있도록 방안을 마련해 주었다. 오랜 연륜과 경험을 바탕으로 빠르게 상황을 판단하고 호기롭게 선뜻 도움의 손길을 내민 것이다.

리더들의 놀이터에서는 기수가 달라도 '동문'이라는 이름으로 어떻게든 연결 고리를 만들어서 좋은 결과가 도출되도록 서로 애쓴다. 15년 전에 최고위 과정을 다녔던 박 대표는 여전히 총동창회 행사에 적극적으로 참여하고 봉사한다. 평소의 이런 헌신적인 행동이 도움의 손길로 돌아왔다고 할 수 있다.

사람 사이의 관계는 쉽게 맺어지지 않는다. 진심을 담아서 공을 들이고 시간을 보내야 한다. 신뢰를 바탕으로 차곡차곡 쌓인 인간관계는 어려움에 부닥쳤을 때 그 진가를 발휘한다. 필자는 이처럼 긍정적인 관계가 쌓일 수 있는 장을 마련하는 것에 큰 의의를 둔다.

맑고 향기로운 사람을 원한다

20여 년 전에는 대학원 최고위 과정에 입학하기 위해 재수, 삼수도 마다하지 않는 분위기였다. IMF 이후라 그런지 인맥 쌓기 열풍이 불어 최고위 과정에 경쟁률까지 생겨났었다. 경쟁이 치열해서 1기에 들어오지 못하고 6기에 입학한 원우가 있을 정도였다. 그마저도 지인의 추천과 기관에서 발급한 정식 증명서가 있어야 수강할 기회를 줬다.

한번은 자신이 안기부(현 국가정보원) 출신이라고 말하던 사람이 과정에 등록했다. 그런데 1박 2일 세미나에서 경력을 지나치게 자랑하는 걸 본 사람들이 의심을 품었다. 때마침 현직 부장검사 원우와 한 조가 됐는데, 그 말을 들은 부장검사 원우가 그다음 주에 필자에게 연락해서 그가 안기부에 근무한 적이 없다는 걸 알려 줬다. 알고 보니 경력뿐만 아니라 학력도 가짜였다. 결국 학교로부터 자퇴 권유를 받고 그만뒀다. (이후 그는 당시 대학원 원장이었던 서정우 교수의 보직 임기 마지막쯤에 복학을 허락받아 최고위 과정을 마무리했다.)

최고위 과정은 비학위 과정이다. 하지만 사람에 대한 검증만큼은 철저하다. 누구나 자유롭게 오갈 수 있는 열린 강의실이지만 함께할 사람을 판단하는 기준은 확고하다. 때로는 본인의 평판을 확인받는 자리가 되기도 한다. 과정에 등록하는 이들은 보통 이곳저곳에서 다양한 배움을 경험하기 때문에 한 다리만 건너도 아는 사람인 경우가 허다하다. 다른 곳에서도 평판이 좋으면 득이 되지만, 어느 한 곳에서 제대로 행동하지 못했다면 금방 입소문이 퍼진다. SNS나 서류상으로만 판단하는 것이 아니라 직접 만나서 검증을 하기에 그 평가는 더욱 냉정하다.

시간을 함께 보내고 싶은 사람

요즘에는 자기 자신에게 시간 쓰는 것을 당연하게 여기는 리더가 많다. 사회적 관계를 유지하기 위한 시간보다 자신을 위한 시간을 더 중요시한다. 그러다 보니 모임이 있다고 무조건 참석하지 않는다. 시대가 변하면서 생활양식도 바뀐 것이다.

돈이 많다고 다른 사람의 시간까지 쉽게 살 수는 없다. 시간을 함께 나누고 싶은 사람이 되려면 돈보다 인품을 갖춰야 한다. 사회의 분위기가 사람의 됨됨이를 그 무엇보다 중요하게 여기는 방향으로 나아가고 있다. 시간을 나눈다는 건 원만한 인간관계에 꼭 필요한 일이지만, 우리는 그 시간을 아무나 하고 나누기는 싫다. 시간을 쓰는 만큼 얻는 게 있기를 바란다.

과거에는 사회적 지위가 높거나 돈이 많은 사람 곁에 사람이 몰렸지만, 이제는 아니다. 이런 추세는 CEO 과정에도 똑같이 나타난다.

리더들도 누군가와 시간을 나눠야 한다면 좋은 사람과 함께하고 싶어 한다. 좋은 사람에게는 자신의 소중한 시간도 기꺼이 내준다. 그런 사람이 많은 모임은 자유롭고 활기찬 기운으로 가득하다. 그런데 흥미로운 것은 사람마다 호감을 느끼는 부분이 비슷하다는 점이다. 예를 들어, 필자가 호감을 느낀 사람은 다른 원우들도 좋게 보고 있는 경우가 많다. 대부분 인간적인 향기가 나는 사람을 좋아한다.

듣는 사람은 아랑곳하지 않고 큰 목소리로 자기 말만 하는 사람에게는 호감이 가지 않는다. 남의 의견은 무시한 채 자기 이야기로만 시간을 채우는 사람과는 다시 만나고 싶지 않다. 여럿이 모였을 때 그 자리에 없는 이를 비방하는 사람은 멀리하는 것이 좋다. 다른 사람의 말꼬리를 물고 늘어지면서 장황하게 이야기하는 사람도 좋게 보이지는 않는다. 이렇게 유쾌하지 않은 만남은 짧은 시간이라도 무척 지루하게 느껴진다. 이들 곁에는 사람이 모이지 않는다.

반면, 남의 이야기에 관심을 가지고 잘 들어 주는 사람이 있다. 바로 인간적인 향기가 나는 사람이다. "요즘 어떻게 지내세요?"라는 평범한 인사말에도 진심이 묻어난다. 상대방이 힘들다고 답하면 "왜 그리 힘드세요?" 하면서 고민에 귀를 기울인다. 섣불리 나서지 않아 두드러지는 사람이 아니라고 생각했는데, 모임에 참석하지 않으면 안부가 궁금하다. 이런 사람에게는 차츰차츰 시선이 모인다. 일부러 나서지 않아도 남들이 먼저 근황을 묻는다.

사람의 심리는 비슷하다. 모두가 인정할 만큼 성격이 좋은 데다 외향적이고 활달하기까지 하면 어딜 가도 환영받는다. 주변에 사람이 모여드는 것이 숨 쉬는 일만큼 당연하다. 번개 모임에도 빠짐없이 초대받는다. 필자도 이런 사람이 주도하는 모임이라면 무조건 좋다. 하지만 말버릇도 좋지 않으면서 거들먹거리기까지 하는 사람과는 어울리고 싶지 않다. 골프 조를 편성할 때도 같이 라운딩하는 걸 꺼리게 된다. 함께 해외 연수를 가게 되면 이동할 때 옆자리에 앉거나 같은 방을 쓰는 일이 없기를 바란다.

아직 낯선 관계에서는 술을 부어라 마셔라 하며 분위기를 띄우는 것이 어색함을 상쇄하는 효과가 있다. 하지만 만남이 이어지는 내내 계속해서 왁자지껄하게 술잔만 기울이는 관계는 금세 물린다. 가끔은 자신의 얘기를 줄이고 상대의 근황을 물어보는 것으로 관심을 표현하면서 알아 가기 위해 노력하는 것이 좋다. 그 사람에 관해 제대로 알아야 관계가 진전된다. 사회적 관계 속에서도 진정한 인간관계를 만들어 가고 싶다면, 무엇보다 내가 먼저 시간을 함께 보내고 싶은 사람이 되어야 한다.

분위기에 걸맞은 매무새와 예의

인간관계를 환기하는 데는 매무새의 영향도 크다. 흔히들 매무새가 깔끔하면 자기 관리가 뛰어나다고 여긴다. 때와 장소에 맞춰 자연스럽게 멋을 낼 줄 아는 사람에게는 한 번 더 눈길이 간다.

산에 갈 때는 단정하게 등산복을 차려입은 사람에게 시선이 가고, 골프장에서는 꾸민 듯 안 꾸민 듯 깔끔한 골프 복장을 한 사람을 한 번 더 바라보게 된다. 강의실에서는 늘 편한 복장이었던 사람을 외부 행사에서 마주했는데 그 자리에 완벽하게 어울리는 옷차림과 머리 모양을 갖추고 있다면 다시 보게 된다. 하지만 골프장에서 등산복을 입고 있거나 격식이 있는 자리에 지나치게 편안한 차림새로 등장하면 분위기마저 어색해질 때가 있다.

물론 매무새만으로 사람을 판단할 수는 없다. 때와 장소에 어울리지 않는 매무새보다 거북한 것은 때와 장소에 걸맞지 않은 언행이다. 종종 자리에 어울리지 않는 이야기로 다른 일행을 불편하게 만드는 사람이 있다. 그 자리의 누구도 반기지 않는 말을 반복하면서 눈살을 찌푸리게 하는 사람도 있다. 상대의 잘못을 바로 앞에서 꼬집는 사람도 의외로 많다. 특히 골프 행사는 매너를 중요시하는데, 친하다고 생각해서 함부로 지적하면 마음이 상하기 마련이다. 감정이 상해서 골프채를 놓고 가 버리는 사람이 생기기도 한다.

누구나 예의 바르고 유머러스한 사람과 함께하기를 바란다. 그런 사람이라면 자리를 맡아 두고서라도 같은 테이블에 앉기를 기대한다. 하지만 자신의 편안함만을 추구하면서 조금이라도 마음에 들지 않으면 바로바로 목소리를 높이는 사람과는 같은 테이블에 앉기가 꺼려진다. 여럿을 위해 대부분 기꺼이 감수하는 약간의 불편함도 참지 못하는 사람에게는 자리가 있어도 내어 주고 싶지 않다. 모름지기 어른이라면 때와 장소에 어울리는 매무새를 갖추고 예의를 차릴 줄 알아야 하는 법이다.

흔히 최고위 과정으로 불리는 이 리더들의 놀이터는 친목을 도모하기 위해서만 존재하는 것이 아니다. 리더의 위치에 걸맞은 품격을 익히고 드러내는 과정이기도 하다. 매무새로 사람을 섣부르게 판단할 수는 없지만, 매무새를 잘 챙기는 것은 리더에게 큰 이점이 될 수 있다. 물론 매무새를 잘 갖추는 것에서 그치면 안 된다. 그에 어울리는 언행이 뒤따라야 한다.

어떤 과정에서 임원을 맡아 그 역할을 잘 해낸 이들은 다른 과정에서도 임원을 맡게 되는 일이 많다. 사람을 보는 눈은 거의 대동소이하기 때문이다. 유달리 사람을 잘 모으고 행사도 잘 치러 내는 리더는 사업도 잘 꾸리고 모임도 잘 운영한다. 반면에 보통 남들이 무리라고 판단하는 것에 열중하는 이들은 다른 사람과 잘 어울리지 못한다. 공공연하게 말하지는 않지만 사람들은 알게 모르게 스스로 잣대를 만들어 상대를 평가하고, 그 평가에 미달하는 사람과는 어울리지 않는다. 리더들의 만남이라고 특별하지 않다. 보통의 인간관계와 다를 바 없다.

인간관계의 원리는 단순하다. 그 자리가 유쾌하든지 혹은 업무적인 도움이 되든지 둘 중 하나가 충족되어야 한다. 리더들의 만남도 마찬가지다. 앞에서 얼굴을 대할 때는 웃으며 칭찬을 건네지만, 서로가 검증된 수준에 다다르지 않으면 어떤 도움도 주지 않는다. 시간이 지나면 쉽게 잊히는 관계 또한 수없이 많다. 하지만 이런 냉정함 속에서도 인간적인 향기가 나는 사람을 만나고 싶어 하는 갈망은 누구에게나 있다. 어쩌면 그 때문에 더욱 냉정하게 사람을 검증하는지도 모른다.

우리는 누구나 좋은 사람을 만나고 싶어 한다. 하지만 마음에 차는 사람을 만나기는 쉽지 않다. 다만 그 확률을 높이는 방법은 있다. 몸과 마음을 가꾸면서 스스로 먼저 괜찮은 사람이 되는 것이다.

이해받고 싶다면
먼저 이해하라

어느 대표는 최고위 과정에 오는 이들을 일컬어 "8부 능선에 선 사람들"이라고 표현했다. 그의 말처럼 정상을 눈앞에 둔 사람이 많다. 비슷비슷한 성공과 실패의 경험이 있기에 서로 다독일 수 있다. 하지만 의외로 서로에게 관대하지 않고 냉정한 태도를 보이기도 한다.

리더들이 모이는 곳에서의 인간관계는 다른 어떤 곳보다 조심스러울 때가 있다. 과정에 등록하는 리더들은 네트워크에 노출되는 일이 많고, 한 사람만 건너도 서로를 검증할 수 있는 위치에 있다. 많은 것을 스스로 판단하고 책임져 온 기업 대표와 임원 중에는 냉철한 검증을 거친 사람만을 곁에 두는 이들도 적지 않다.

CEO 과정 수강자들은 평균 40대 후반에서 50대 후반의 연령대가 많다. 이 나이쯤 되면 사회생활에 몸과 마음이 지친다. 특히 갱년기라는 신체적 변화를 겪다 보면 상대방을 이해하기보다는 자신이 이해받고 위로받기를 원한다. 하지만 누구나 배려하는 사람을 좋아하고 타인을 불편하게 만드는 이와는 함께하기를 꺼린다. 이해받고 싶다면 먼저 이해하고, 위로받고 싶다면 먼저 도움을 주려는 마음을 가져야 하는 것이 인간관계의 기본이다.

최근 CEO 과정에는 30대의 젊은 리더들도 많다. 그들이 이르게 리더들의 놀이터를 찾는 이유는 선배들을 직접 만나 살아온 이야기를 들으며 앞으로 나아갈 방향을 잡기 위해서다. 젊은 리더들은 막내로서 모임의 분위기를 부드럽게 해 주는 윤활유 역할을 하기도 한다. 그런데 간혹 자기보다 나이가 어리다는 이유로 다짜고짜 반말하거나 부하 직원 대하듯 하는 선배가 있다. 그럴 때면 아무리 나이가 어려도 한 기업의 리더이기에 상처를 받는다.

나이가 많다고 해서 저절로 존경심이 느껴지는 것은 아니다. 바른 행동과 정중한 말투가 뒷받침되어야 비로소 존경의 대상이 될 수 있다. 기수의 막내라고 해도 자신의 분야에서 사업을 일구는 전문 경영인이기 때문에 마땅히 존중해야 한다. 아직 관계가 여물지도 않았는데 나이가 많다고 처음부터 반말하면 상대방은 그 만남을 꺼리게 된다. 개인적으로 만난 사이가 아니기 때문에 동등한 사회인으로서 예의를 지켜야 한다.

리더들의 놀이터에는 다양한 연령대가 모이는 만큼 존중하는 태도가 무엇보다 중요하다. 학교나 직장에서 알게 된 선후배 사이가 아니라는 것을 잊지 말아야 한다. 직함을 제대로 불러 주는 매너는 기본이다. 물론 친해진 다음 서로 허락하에 반말하는 건 상관없다. 하지만 그 이전에는 연배의 순서를 따져서 억지로 형, 동생이 되기보다는 서로 존중하는 선후배 사이가 되기 위한 노력이 필요하다. 억지로 만든 관계는 유효기간이 짧다. 마음이 스스로 이끌려서 자연스럽게 맺어지는 인간관계야말로 진정한 소통이 가능한 사이다.

이래도 안 되고 저래도 안 된다니, 인간관계를 발전시키는 게 너무 어렵다는 생각이 든다면 딱 한 가지만 알아 두어도 절반 이상은 성공할 수 있다. 충돌이 생기거나 실수했을 때 먼저 사과할 수 있는 사람이 되는 것이다. 이런 사람에게는 누구나 쉽게 마음을 연다.

한 걸음 더 나아가 선후배를 막론하고 수평적인 입장에서 누군가 어긋난 행동을 하면 "아니다"라고 말해 줄 수 있는 사람이 되는 것이 좋다. 불편함이 누적되면 좋았던 관계도 어느 순간 회복하기 어려워진다. 때로는 솔직함이 무례함으로 느껴지기도 하기 때문에 늘 솔직하게 이야기하는 일도 쉽지는 않다. 하지만 여럿이 모인 자리에서 꾸준히 불편함을 일으키는 참석자가 있다면 과감하게 지적할 수 있는 사람이 필요하다. 그렇게 해서 더 나은 방향으로 갈 수 있도록 제시해 주어야 한다. 분란을 일으키지 않기 위해 그저 방관하는 것도 불편한 행동에 동조하는 일이 될 수 있다.

리더들의 놀이터는 선후배의 관계가 조화로울 때 더욱 빛난다. 연령대는 달라도 서로 존중하고 서로의 일에 관심을 기울이면 저마다 원하는 관계를 맺을 수 있다. 내 것을 먼저 준다는 마음으로 다가가면 원하는 상대와 원하는 관계를 맺지 못해도 서운함이 적다.

리더들의 리더

어떤 집단이든 리더의 역할은 굉장히 중요하다. 최고위 과정 또한 마찬가지다. 기수의 얼굴인 회장직을 누가 맡느냐에 따라 그 기수의 분위기가 좌우된다.

과정에 오는 사람들은 모두 어딘가에서 리더의 자리에 있다. 기수 회장은 이들을 이끌어야 하는 위치이다 보니 부담감이 남다르다. 다들 리더니까 누가 뽑혀도 수월하게 그 기수를 인도하리라 생각한다면 큰 착각이다. 기수 운영은 기업체 운영과는 다르다. 기수를 이끄는 것은 이익을 창출하는 일이 아니기 때문이다. 친목을 도모하고 화합을 끌어내야 하는 것이 바로 기수 회장의 역할이다. 헌신과 희생을 감수하고 봉사를 수행해야 하는 일이다.

리더들은 누구보다 자기 신념과 철학이 확고한 사람들이다. 그런 이들을 하나로 묶어 움직이는 것은 보통 일이 아니다. 진정성이 있어야 리더들의 마음을 같은 곳으로 이끌 수 있다. 그래야 비로소 리더들의 리더로서 제 역할을 할 수 있다.

회장 리더십이 기수의 명암을 나눈다

연세대 언론홍보대학원 최고위 과정 1기는 어느새 80세를 넘긴 이들이 대다수다. 그런데 과정을 수료하고 20여 년이 훌쩍 지난 지금도 기수 회장의 주도하에 여전히 동문 행사에 참석한다. 오랫동안 꾸준히 높은 참석률을 보이며 많은 동문에게 본보기가 되고 있다.

하지만 모든 기수 회장이 뛰어난 리더십을 보인 것은 아니다. 생각이 너무 많고 실천은 느려 기수 원우들을 우왕좌왕하게 만든 회장이 있는가 하면, 어설픈 리더십으로 기수의 단합을 위태롭게 만든 회장도 있었다. 최종 결정권자인 회장의 자리에 누가 오르느냐에 따라 원우회 기수의 운명이 달라진다고 해도 과언이 아니다.

한국전광방송협회 임병욱 회장은 18기 회장이었다. 그는 회장 수락 인사말을 하면서 다음과 같이 말했다.

"솔직히 이야기해서 최고위 과정에 등록하는 것은 인맥을 쌓아 잘 먹고 잘살기 위한 것이니 상부상조합시다."

18기는 임 회장의 적나라할 정도로 솔직하고 단호한 지침 아래 어떤 기수보다 끈끈하게 서로를 챙겼다. 그는 서로서로 돕는 분위기를 만들어 기수 원우들의 사업에도 힘을 보탰다. 이에 호응하듯 18기 원우들 또한 마음의 문을 열고 도움을 얻은 만큼 베풀고 봉사했다. 18기였던 에이스힌지텍 곽수만 사장은 학교에 선뜻 컴퓨터를 기증했는데, 이 역시 서로를 챙기는 마음이 통했기에 가능한 일이었다.

기수 회장이 되려면 자신을 희생하겠다는 헌신적인 마음가짐이 있어야 한다. 그래야 원우들을 물심양면으로 지원할 수 있다. 성실한 기수 회장은 바쁜 와중에도 원우들의 경조사를 일일이 챙기며 축하와 위로를 건넨다. 모임을 활발하게 이끄는 것은 물론이고, 동문의 쓴소리를 듣는 일도 마다하지 않는다.

그렇다고 기수 회장직에 힘든 점만 있는 것은 아니다. 원우 전체를 자신의 인맥으로 흡수할 수 있다는 큰 장점이 있다. 그래서 때로는 회장직을 차지하기 위한 치열한 경쟁이 벌어지기도 한다.

몇몇 기수는 중간에 회장이 공중에 뜰 때가 있다. 도저히 회장직을 수행할 수 없다며 중도 하차하는 일이 생기는 것이다. 그런 기수는 보통 분위기가 어수선하다. 하지만 위기 상황을 잘 수습하면 오히려 전화위복이 되어 더 큰 단합력을 보이기도 한다. 학기 중간에 회장을 새로 선출했던 어떤 기수들은 집행부를 다시 구성하고 분위기가 더 좋아지기도 했다. 이때 새로 뽑힌 회장의 역할이 컸다.

최고위 과정 원우회는 이익 단체가 아니기 때문에 책임 소재를 면밀히 따지는 일이 거의 없다. 하지만 뛰어난 기수 회장은 자신에게 주어진 책임에 최선을 다한다는 공통점이 있다.

기수 회장도 흐름을 탄다

기수 회장 선출도 시대의 흐름을 탄다. 건설업이 흥할 때는 건설 회사 대표가 몇 기수에 걸쳐 회장직을 맡았다. 그때는 건설 현장처럼 모임의 분위기도 활력이 넘쳤다. 건설 현장에서 인정받는 혈기 넘치고 배포가 두둑하며 돈 씀씀이도 큰 사람이 회장이 되는 일이 잦았다.

근래에는 여성 리더들의 활약이 두드러진다. 최고위 과정에도 점차 많은 여성 리더가 입학하고 있다. 전체 45명 중 15명이 여성 원우로 이루어진 기수도 있다. 이런 흐름에 따라 자연스럽게 연세대 언론홍보대학원 최고위 과정에도 여성 회장이 탄생했다.

권정희 회장은 특유의 섬세하면서도 잔잔한 카리스마로 원우들을 무난히 이끌어 가는 리더십을 발휘했다. 그는 건축에 필요한 타일을 납품하는 기업을 운영한다. 오랫동안 남자들의 영역으로 여겨졌던 분야에서 편견을 무릅쓰고 묵묵히 자신의 길을 개척했다. 불혹의 나이에 홀로 사업을 시작해 25년 가까이 무탈하게 일궈 온 의지의 한국인이기도 하다.

권 회장은 최초의 여성 기수 회장직에 큰 부담을 느꼈다. 하지만 특유의 넉넉한 마음 씀씀이로 기수 단합에 일조했다. 폭넓은 시야와 탁월한 에너지로 원우들에게 좋은 기운을 전하며 1호 여성 회장의 역할을 톡톡히 해냈다.

최근에는 원우들을 세심하게 챙기는 회장이 주목받고 있다. 사회 전반적인 분위기가 인간관계의 소중함을 강조하는 추세이다 보니 원우들도 기수 회장에게 관심과 배려를 기대한다. 기수 회장이 위엄을 앞세워 '나를 따르라!'를 외치면 원우들이 뒤를 졸졸 따라가던 시대는 지났다. 기부금을 많이 내고 비싼 밥을 산다고 해서 사람이 따라오지는 않는다. 이제는 세심한 관심에 대한 기대치가 여태껏 경험하지 못한 수준으로 높아졌다.

기수 회장이 되려면 먼저 따뜻한 인품을 갖춰야 한다. 행사도 주관하고 봉사도 하면서 원우들의 다양한 의견에 귀 기울이며 모두의 마음을 헤아려야 한다. 어떤 기수 회장은 돈을 쓰고도 욕을 먹는다면서 이 일을 왜 하는지 모르겠다고 푸념하기도 했다. 그만큼 어렵고 힘든 자리가 기수 회장이다. 어찌 보면 사업보다 훨씬 어려운 자리다.

한헌춘 세무사는 술을 못하는 기수 회장이었다. 자신이 술을 못하는 대신 원우들의 술잔을 푸근하게 채워 주었다. 술을 마시지 않아도 뒤풀이 자리에 빠짐없이 참석하고, 원우들의 경조사는 항상 잊지 않고 챙긴다. 무슨 일이 있어도 굳건하게 자리를 지키는, 섬세하고 믿음직한 사람이다.

필자는 지금껏 수많은 기수 회장의 탄생을 지켜봤다. 강력한 카리스마로 무장한 회장부터 꼼꼼하고 섬세한 회장까지 리더십의 형태는 한마디로 정의하기 힘들 만큼 다양했다. 하지만 한 가지 분명한 것은 원우들이 단합할 수 있는 장을 만들고, 그들이 똘똘 뭉치는 중심에는 반드시 기수 회장이 있었다는 점이다.

사회 각 분야에서 리더로 인정받는 이들을 하나로 뭉치게 하는 일은 보통 정성으로는 불가능하다. 살아온 방식이 다른 다양한 성격의 사람들이 모이다 보니 괜한 행동 하나에 분란이 일어나고, 무심결에 뱉은 말 한마디가 도마 위에 오르는 어처구니없는 일이 생기기도 한다. 그때 돌격 대장처럼 앞장서서 분위기를 정리하는 것도 회장의 역할이다.

기수 회장이 책임을 다하면 굉장한 일이 벌어진다. 무엇이든 나누는 일의 기쁨을 알게 되고, 이익이 없는 일에도 시간과 능력을 공유하는 여유로운 마음을 얻게 된다.

기수 회장은 리더들의 공동체를 이끌면서 또 한 번 성장한다. 어쩌면 그것이 이 리더들의 리더에게 주어지는 가장 큰 특권일지 모른다.

한번 총무는 영원한 총무

　새로운 수강생들이 들어오고 처음으로 전체 모임을 하는 날은 어색함과 설렘이 공존한다. 속으로는 반가운 마음이 클지 몰라도 아직 서로에 관해 잘 모르기에 겉으로는 적막감이 흐르기 마련이다. 그렇다고 먼저 움직이기에는 나선다고 느낄까 봐 주저하게 된다. 그런 와중에 어떤 한 명이 주동해서 행동하기 시작하면 모임의 분위기는 순식간에 달라진다. 이 사람이 바로 총무 근성을 가진 원우다. 그가 등장한 순간 웃음이 생겨난다. 이후부터는 자연스럽고 화기애애한 흐름으로 모임이 진행된다.

　다른 모임에서 총무 역할을 했던 이들은 최고위 과정에서도 기수 총무를 맡는 경우가 많다. 왜 그럴까 생각해 보면, 사람들의 보는 눈이 비슷하기 때문인 것 같다. 말 한마디, 행동 하나에서 '총무'라는 느낌을 주는 사람이 있다. 일부러 그렇게 행동하는 것이 아니라 자연스럽게 발산되는 기운이다.

제대로 된 총무가 있는 기수는 원우들 간의 다툼이 적다. 그러니 총무 근성이 있는 사람이 기수에 한 명이라도 있으면 화합은 떼 놓은 당상이다.

사람 사이의 가교 역할을 하다

총무는 언제든지 원우들에게 전화하는 것이 자연스러운 위치다. 나름의 특권이라면 특권이다. 그러다 보니 남들이 미처 알지 못하는 진상 맞은 사람과 드러나지 않은 멋진 사람을 알아차리는 일도 생긴다. 여럿이 있는 자리에서는 하지 못하는 이야기도 총무에게는 서슴없이 털어놓는 경우가 많아서 본의 아니게 원우들 사이의 관계와 각자의 비밀 등을 알게 되기도 한다. 원우들 간의 유일한 소통의 플랫폼이 바로 총무다.

총무는 종종 가교 역할을 하기도 한다. 이 다리를 잘 건너면 좋은 사람과 인연을 맺을 수 있다. 총무는 모임의 이모저모를 돌보고 살림을 관리하는 사람이기에 편안함을 느끼고 의지하게 된다. 고민을 나누거나 의견을 구하기도 한다. 누군가의 평판을 묻고 호감을 전하면서 인연을 만들어 가는 데 총무의 역할은 결정적이다. 스스로 이런 다리 역할을 잘 활용해서 기수의 단합을 꾀하는 총무도 있다.

총무와 친하게 지내면 자연스럽게 다양한 사람을 사귈 수 있다. 총무를 통해서 누군가를 만나면 이해관계로 엮이는 느낌이 없어서 부담도 적다. 제대로 된 총무는 원우들 사이의 분위기를 눈여겨보고 업무적으로도 서로 도움을 주고받을 수 있는 상대를 연결한다. 총무가 자신의 역할을 잘하면 그 기수는 탄탄하게 유지된다. 회장이 기수 전체의 단합을 이끄는 사람이라면, 총무는 눈에 보이지 않는 관계를 촘촘히 연결하고 꾸준한 만남을 추진하는 사람이다. 총무 덕분에 원우들 간의 시너지가 더 큰 빛을 발한다.

하지만 총무의 역할을 성실하게 수행하기 위해서는 개인적인 시간을 어느 정도 투자해야 한다. 물론 그만큼의 가치는 있다. 열심히 하다 보면 얻는 것이 많다. 여러 사람에게 다리 역할을 해 주는 자리지만, 사실 가장 많은 인연이 모이는 것은 총무 자신의 곁이다. 최고위 과정에서는 총무 또한 어딘가의 리더이기 마련인데, 다양한 관계 덕분에 사업적인 성과를 얻는 일도 생긴다.

리더들의 놀이터를 지키는
사람

총무 한 사람의 의지와 열정이 쓰러져 가는 기수를 일으키기도 한다. 그만큼 중요한 역할이지만, 부담감 때문에 선뜻 나서는 사람이 없을 때가 있다. 그때 희생정신으로 무장한 누군가가 스스로 총무를 자처하기도 한다. 이른바 '총무 달인'의 등장이다.

20년 넘게 중소기업을 운영해 온 한 리더가 기수 총무를 맡은 적이 있다. 그는 수시로 원우들의 마음을 헤아리는 문자를 보내고 모임 참석을 독려하는 전화를 하는 총무 달인이었다. 한창 일도 많고 만나야 할 사람도 많은 시기였음에도 불구하고 총무를 맡아 그 역할을 훌륭하게 해냈다. 평소 직원들과의 관계에서도 나무랄 데 없는 소통 능력을 발휘하던 그는 기본적으로 인간관계를 잘 풀어 나가는 현명한 사람이었다.

각 분야의 리더가 한데 모여 인생을 배우고 즐거움을 나누는 리더들의 놀이터에서 총무는 없어서는 안 될 사람이다. 제 역할을 하는 총무가 있기에 원우들 사이가 원만하게 돌아가고, 그 만남이 몇십 년간 유지된다.

총무를 도와주는 원우가 많은 기수는 특히 더 단단한 관계를 이어 간다. 성격도 연령도 환경도 제각각인 사람들이 모인 집단이 바람직한 방향으로 흘러가려면 누군가의 노력과 희생이 있어야 하는데, 그 일을 함께해 주는 이들이 있다면 힘이 날 수밖에 없다. 총무의 의지와 열정이 원우들을 연결하고 분위기를 화기애애하게 만드는 데 크게 기여하지만, 그것이 지속되려면 지치지 않게 힘을 실어 주어야 한다. 힘을 실어 준다는 건 결코 특별한 행동을 말하는 것이 아니다. 모임 참석 여부를 묻는 메시지에 분명하게 회신을 주고, 배려를 담은 한마디를 건네는 것으로도 충분히 힘이 될 수 있다.

기수 모임은 회장보다는 총무로 인해 유지되는 경우가 많다. 물론 회장과 총무의 관계가 조화롭다면 금상첨화다. 오랜 세월이 흘러도 꾸준히 모이는 기수는 처음부터 환상적인 조합을 이룬 회장과 총무 덕분이라고 해도 과언이 아니다. 하지만 원우 한 명 한 명과 직접 연락하면서 관리하는 총무의 역할이 절대적이라는 건 부정할 수 없는 사실이다.

1996년 연세대 언론홍보대학원 최고위 과정의 시작과 함께 탄생한 1기가 지금까지도 총동창회를 비롯해 각종 행사에 출석하며 모범을 보이는 것도 회장단이 화합을 이루어 낸 결과다. 저녁 모임에서 조찬 모임으로 변화가 생기긴 했지만, 계속해서 모임이 이어지는 것은 곳곳에 숨어 있는 회장단의 노력 덕분이다.

때론 너무 유명한 사람이 많아서 화합이 어려웠던 기수도 있었고, 때론 나서는 일을 내켜 하는 이가 없어 난항을 겪은 기수도 있었다. 하지만 세월이 흐를수록 더욱 견고해지는 그들의 놀이터에서 마음을 주고받는 친구가 되어 평생지기로 이어지는 기수가 훨씬 많다. 그리고 그 뒤에는 총무를 포함한 회장단의 노고가 있다.

영업의 고수를 만날 수 있다

CEO 과정에 오는 사람들의 성격은 정말 각양각색이다. 언제나 활기차게 뒤풀이 분위기를 주도하는 리더가 있는가 하면, 한 학기가 다 가도록 있는지 없는지 모를 정도로 조용하게 지내는 리더도 있다.

각양각색의 성격만큼 일하는 분야도 정말 다양하다. 그런데 눈여겨볼 것은 '영업의 고수'로 인정받는 이들 대부분이 활발한 성격을 지녔다는 점이다.

그들은 처음 본 사람에게도 흔쾌히 손을 내밀어 악수를 청하며 모임의 분위기를 친숙하게 만든다. 사람을 대하는 태도에는 자신감이 넘치고 이야기는 물 흐르듯 이어진다. 이 모든 게 마치 몸에 배어 있는 습관처럼 자연스럽다. 이런 사람이 한두 명만 있어도 모임의 분위기는 훨씬 부드러워진다. 그러니 어느 모임에서나 영업의 고수들은 돋보이기 마련이다.

기다림을
즐기다

영업의 고수는 자신이 관철해야 할 것을 처음부터 내밀지 않는다. 상대가 마음의 문을 열 때까지 기다린다. 그것도 아주 천천히. 오히려 기다림을 즐긴다고 할 수 있다.

기다림의 시간 동안 고수는 다양한 방법으로 상대를 조금씩 감동하게 한다. 상대와 함께 차를 타고 가다가 갑자기 비라도 오면 내릴 때 자신이 쓰던 우산을 가지고 가라며 건넨다. 적절한 순간에 우산을 선물처럼 내주면서 좋은 인상이 남도록 각인시키는 것이다. 우산을 받은 상대는 비가 올 때마다 영업의 고수가 떠오를지도 모른다.

여성들의 경우에는 화장실에서 같이 화장을 고치면서 "어제 새로 산 건데 한번 써 보세요"라며 슬쩍 립스틱 하나를 건네기도 한다. 상대방이 부담을 느끼지 않게 "여유분으로 하나 더 샀으니 가져도 괜찮아요"라고 덧붙이는 것도 잊지 않는다.

또한 일교차가 큰 봄가을에는 스카프를 챙겨 다닌다. 상대가 추워하는 기미를 보이면 두르고 가라며 권하기 위해서다. "옷 색깔과 잘 어울린다"는 칭찬으로 마무리하면 분위기는 더 훈훈해진다. 단순히 선물을 받았기 때문이 아니라 세심한 마음 씀씀이에 큰 고마움을 느끼는 것이다. 예상치 못한 순간에 상대를 챙겨 주는 자연스런운 행동이 고수의 비법이다.

이렇게 가랑비에 옷 적시듯이 조금씩 마음을 얻으면서 조급해하지 않고 차분히 기다려야 관계가 무르익는다. 영업의 고수들은 이것을 아주 잘 알고 있다.

사람 사이의 관계는 잔잔한 정이 차곡차곡 쌓이면서 따뜻해진다. 얇은 옷을 겹겹이 껴입을수록 점점 따뜻해지는 것처럼 말이다. 그렇게 신뢰가 형성된다.

신뢰는 시간이 흐른다고 무조건 쌓이지 않는다. 상대의 마음을 헤아리는 것이 먼저다. 영업 고수는 상대의 마음에 우선순위를 두고 어디가 가려운지 절묘하게 알아챈다.

편견 없이 사람을 대하는 진심 어린 마음

진정한 영업의 고수는 영업 대상을 만났을 때 작은 것부터 세밀하게 준비하며 치밀하게 공을 들인다. 강의를 듣기 위해 CEO 과정에 등록했는데 마침 영업 대상이 눈에 띄면 먼저 직능별·연령별·성별로 나눠 반 편성을 할 때 그들과 같은 반으로 지정해 달라고 요청하기도 한다. 전체 모임에서 한꺼번에 많은 인원과 인사를 나누고 격의 없이 지내기는 쉽지 않기 때문이다.

어떤 영업 고수는 필자에게 이런 부탁을 했다. "실은 이분과 라운딩하면서 사업 이야기를 해야 합니다. 그러니 조 편성 때 참고해 주시면 감사하겠습니다." 최고위 과정 주최 골프 대회에서 영업 대상이 되는 사람과 골프를 칠 수 있게 도와 달라고 한 것이다. 솔직하게 원하는 바를 표현한 사람에게 우선권이 주어진 것은 당연하다.

이렇게 다가간 다음에는 진심 어린 마음으로 상대를 대한다. 영업 고수들은 모두 사람을 좋아한다는 공통점이 있다. 누군가는 활발하게 다가서고, 누군가는 성실하게 곁을 지킨다. 저마다 성격은 달라도 상대를 향한 마음 씀씀이는 같다.

바쁘게 돌아가는 세상 속에서 사람들과 꾸준하게 관계를 유지하는 일은 쉽지 않다. 편한 사람만 상대하거나 눈앞에 보이는 이득을 위해 잠깐씩 친분을 나누는 것이 합리적이라고 생각될 때도 있다. 하지만 영업 고수들은 사람 자체에 집중하며 관계 유지를 위해 끊임없이 노력한다. 그들은 사람에 대한 관심을 놓치는 법이 없다. 영업 실적은 부수적으로 따라오는 성과처럼 여겨지기도 한다.

영업 고수들은 성격이 원만하다는 평을 많이 듣는다. 원만하다는 것은 성격이 모난 데 없이 부드러워 어디서든 잘 어우러진다는 의미이기도 하다. 그들은 사람에게 편견을 가지지 않는다. 누구도 적대시하지 않고 먼저 다가가 이야기를 주고받는다.

영업은 진심 어린 마음을 다해야 성공할 수 있다. 실적 올리기에 급급한 사람은 오래가지 못한다. 성실하게 인간관계를 일구고 유지하는 사람만이 승자가 될 수 있다. 사람에게 정성을 쏟으면 사업적 성과로 되돌아오는 뜻밖의 행운을 누리게 된다.

깊고 넓게 사람을 만나는 이들은 지금도 영업 고수로 자리하고 있다. 인간관계 속에서 성장해 나가는 이들은 그 무엇보다 사람과의 관계를 우선으로 생각한다. 타인을 존중하고 성실함과 꾸준함이라는 기본적인 미덕에 충실한 매력적인 사람들이다.

사람과의 인연을 중요시하는 리더들의 놀이터에는 자연스럽게 이런 영업의 고수들이 많이 모인다.

성공한 CEO의 직원 관리법

리더의 역할은 단순히 회사의 영업이익을 높이는 데서 그치지 않는다. 현명하게 구성원을 이끌고 나아갈 방향을 제시하는 것이 진정한 리더의 역할이다. 특히 경기가 어려운 상황에서 직원과 제대로 소통하지 못한다면 회사의 어려움은 더욱 커진다. 그렇기에 리더의 역할은 더없이 중요하고, 또한 외롭다.

중소기업은 대기업과는 다른 분위기로 직원과 소통한다. 회식 자리에서 직접 직원에게 동기 부여를 하고 워크숍으로 소속감을 높인다. 중소기업 대표 중에는 매달 돌아오는 급여일을 떠올리며 책임감을 느끼고 영업 일선에서 매출과 연관된 일거리를 찾아 사람들을 만나는 이들이 많다.

훌륭한 리더는 회사의 성장이 리더와 직원의 혼연일체 속에서 이루어진다고 생각한다. 따라서 직원을 누구보다 소중히 여긴다. 구성원 모두가 함께 성장하는 방법을 모색하는 리더의 하루는 직원들의 생각보다 복잡하다. 오늘도 리더들은 잔잔한 정을 통해 직원들의 마음속에 스며들고 있다.

엄마 리더십을 발휘하다

40대 초반에 사업을 시작해 20년 가까이 스무 명 남짓한 직원과 동고동락하며 교육 프로그램 납품 회사를 이끌어 온 여성 리더가 있다. 바로 레몬인터렉티브의 이명희 대표다. 그는 엄마 리더십을 발휘해 성공적으로 회사를 경영하고 있다.

중소기업을 운영하는 대표들은 회사를 함께 일군 직원들에 대한 애정이 각별하다. 단순히 월급을 받고 일해 주는 사람으로 여기지 않는다는 뜻이다. 이명희 대표 또한 마찬가지다. 그는 엄마 같은 마음으로 직원들 하나하나를 잘 챙기기로 유명하다.

이 대표의 회사에서는 납기일 안에 프로그램 제작을 완료하는 일이 가장 중요하다. 정해진 날짜에 방영해야 하기 때문이다. 시간의 압박이 있는 업종이다. 제작 기일을 맞추기 위해 늦게까지 일하거나 밤샘 작업을 해야 할 때도 많다. 그래서 이 대표는 야근하는 직원이 제대로 챙겨 먹지 못할까 봐 항상 야식을 준비해 놓는다. 또 스트레스 해소를 위해 1년에 한두 차례씩 국내와 해외를 번갈아 가며 단합 여행을 떠난다. 여름에는 괌에서 물놀이를 하고, 겨울에는 스케이트장에서 회식을 하는 식이다.

프로그램 제작에는 젊은 감각이 필요하다. 그래서인지 레몬인터렉티브의 직원들은 활기가 넘친다. 에너지가 가득하고 활발한 분위기는 대체로 좋은 영향을 끼치지만, 더러는 충돌을 일으키기도 한다. 믿었던 직원이 욱하는 마음에 회사를 나가 경쟁 업체를 차리기도 하고, 오랫동안 함께 일했던 직원을 어쩔 수 없이 내보내야 할 때도 있었다. 여성 대표에 대한 편견이 남아 있던 시절에 사업을 시작해 20년가량 혼자 회사를 이끌어 오기란 절대 녹록지 않았다.

이명희 대표는 벽에 부딪힐 때마다 스스로 잘할 수 있는 역할에 집중한다. 사람에게 관심을 기울이면서 따뜻한 정이 넘치는 회사를 만들어 가기 위해 노력한다. 성과가 좋지 않은 팀도 섣불리 내치지 않고 능력을 끌어올리도록 독려해 함께 일할 수 있는 환경을 조성하는 것도 그의 몫이다.

인원이 많지 않은 중소기업의 대표 입장에서는 중간관리자가 주축이 되어 직원들의 협업을 끌어내고 경영에도 힘을 실어 주었으면 한다. 하지만 이상과 현실에는 차이가 있다. 일은 잘하지만 직원 관리를 못하는 관리자가 있는가 하면, 직원들과는 허물없이 잘 지내지만 업무 능력이 떨어지는 관리자도 있다.

그렇다고 외부에서 중간관리자를 영입하면 기존 직원들이 반발하는 일이 생긴다. 대표가 원하는 관리자와 직원이 바라는 관리자가 다르기 때문이다. 대표는 회사 관리와 더불어 영업 성과에도 기여할 수 있는 관리자를 반기지만, 직원들은 업종의 특성을 잘 이해하면서 실무 능력이 뛰어난 관리자를 바란다. 이 경우 영업 및 관리 능력을 두루 갖춘 동종 업계의 인재를 영입하는 것이 가장 최선인데, 마땅한 사람을 찾기가 쉽지 않다.

매출이 상승하고 회사가 커지기를 바라는 마음은 대표와 직원 모두 같지만, 기업 운영을 바라보는 관점은 이렇게나 다르다. 누가 절대적으로 옳거나 그르다고 말할 수는 없다. 하지만 보다 간절한 것은 당연히 대표 쪽이다. 그래서 이명희 대표는 직원들의 마음을 헤아리는 동시에 끊임없이 현실을 환기하며 앞으로 나아가기 위해 노력한다.

사업 초기에는 직원들에게 상처받는 일도 많았다. 이 대표는 같은 곳을 바라보는 한 식구라고 생각했기에 직원들에 대한 애착도 남달랐다. 직원 수가 10~20명 남짓 되는 회사를 운영하는 대표라면 거의 비슷한 마음일 것이다. 직원 한 사람뿐만 아니라 그들의 가족까지 생각하게 된다. 그랬기에 오랫동안 함께한 직원이 어느 날 갑자기 회사를 떠난다고 했을 때는 너무 힘들었다. 일을 가르쳐서 이제 좀 잘한다 싶으면 어김없이 좀 더 큰 기업으로 이직하는 직원들을 원망하기도 했다. 마음을 쏟은 만큼 그걸 거두기가 어려웠다.

하지만 이 대표는 시간이 지나면서 깨달았다. 준 만큼 되돌아오지 않는 것도 있다. 마음 또한 마찬가지다. 사람의 생각과 바람은 모두 다르기 때문에 끝까지 같은 목표를 향해 달릴 거라고 여겼던 것은 이 대표만의 마음이었을지 모른다. 실제 가족도 속속들이 알 수는 없다. 그 후 이 대표는 마음이 떠난 직원에게는 적당한 거리를 유지하려고 애쓴다. 그게 서로를 위하는 길이다. 떠나는 인연이 있다면 새로운 인연도 있다.

이 대표는 더욱더 단단해진 마음으로 엄마의 리더십을 발휘한다. 엄마는 보답을 바라면서 자식을 챙기지 않는다. 그 역시 엄마처럼 진심으로 직원들을 챙긴다. 상처를 받은 적도 있지만 직원들은 의심하고 적대해야 할 대상이 아니다. 여전히 함께 가야 할 가족이자 동료다. 이 대표는 단지 이러한 마음이 닿기를 바랄 뿐이다.

이 대표는 회사가 더 성장하면 직원들에게 지분을 나누어 줄 생각이다. 혼자만의 회사가 아니라 함께 일구어 가는 회사라는 것을 몸소 실천하고 싶다. 요즘처럼 경기가 어려울 때는 현재의 상태를 유지하는 것만도 힘에 부칠 때가 있지만, 지금은 버텨야 하는 단계라 여긴다. 그는 지금을 잘 이겨 낸 직원들과 조금 더 성장한 회사에서 미래를 함께하고 싶다.

선배의 마음으로 직원을 대하는
CEO

50여 명의 직원과 함께 디자인 회사를 운영하는 임 대표는 얼마 전 안타까운 이야기를 전해 들었다. 한 직원이 자기 길이 아닌 것 같다며 회사를 옮기겠다고 한 것이다. 디자인 분야가 아닌, 엉뚱한 비서직으로 이직하겠다는 말에 임 대표는 망치로 머리를 얻어맞은 듯 멍해졌다. 디자인 전공자가 아님에도 뛰어난 감각으로 3년 만에 발군의 실력을 발휘하는 것을 보면서 대견하다고 생각했던 직원이었기에 충격은 더 컸다. 잘하는 일과 하고 싶은 일이 달랐을 수도 있지만, 신중하게 고민하지 않고 이직을 결심한 데 안타까움이 클 수밖에 없었다.

임 대표는 그 직원이 잘하는 디자인 일을 계속하면 크게 성공할 것이라고 확신했다. 그런데 다른 일을 하고 싶어서 회사를 떠난다고 하니, 그 직원에게도 회사에도 손실이 이만저만이 아니었다.

한편, 임 대표는 새로운 업체에서 일감 의뢰가 들어올 때마다 고민한다. 특히 기존보다 더 많은 금액을 제시하는 일거리는 매출을 올릴 수 있는 절호의 기회지만, 무턱대고 떠맡기에는 걸리는 문제가 있다. 거래하던 업체와의 관계 유지를 위해 어쩔 수 없이 매출에 별 도움이 되지 않는 일을 하기도 하는데, 이때 다른 일거리가 들어오면 우선순위를 정해 하나를 미루거나 포기해야 한다. 직원을 새로운 일에 투입했다가 기존 업체와 거래가 끊어질 위험이 있는 것이다. 인력을 빡빡하게 운영할 수밖에 없는 중소기업의 비애다.

아주 좋은 일거리가 들어왔는데 일할 사람이 부족해서 거절해야 하는 순간만큼 답답할 때가 없다. 그렇다고 새로운 일이 들어올 때마다 인력을 보충할 수도 없다. 의뢰가 계속 유지된다는 보장이 없기 때문이다.

이처럼 중소기업의 문제는 사람에게서 비롯될 때가 많다. 하지만 해결 방법 또한 사람이 답이다.

많은 중소기업 대표가 인생 선배의 마음으로 직원을 대한다. 중소기업은 사람이 자산이기에 더욱 그렇다. 직원이 잘할 수 있는 일을 해야 기업도 발전한다. 어찌 보면 사람을 잘 운영하는 일이 중소기업 대표의 가장 중요한 능력이기도 하다. 임 대표 또한 그러한 생각으로 직원들에게 관심을 두고 애정으로 살핀다. 이직률을 줄이기 위해 복지에도 신경을 쓰려고 한다.

일도 잘하면서 회사의 어려움마저 선뜻 나눌 수 있는 직원이 있다면 어떤 대표라도 발 벗고 나서서 영입하려고 애쓸 것이다. 누구나 그런 직원을 만나고 싶어 한다. 하지만 임 대표는 그에 앞서 리더 스스로 직원에게 필요한 대표가 되어야 한다고 생각한다. 인생 선배의 마음으로 좋은 길을 열어 주기 위해 노력하는 것도 그 때문이다.

이직을 생각하는 젊은 직원의 마음을 미리 헤아리고 능력에 따라 인력을 적절히 배치해 효율적으로 회사를 운영하는 문제는 여전히 큰 숙제다. 결국은 직원의 신뢰를 얻는 리더가 되는 수밖에 없다. 리더의 언행이 겉치레가 아니라는 것을 직원들이 알게 되면 소통에 물꼬를 틀 수 있다. 말만 선배 말만 가족이 아니라 진심으로 그렇게 여기고 있다면 직원들 또한 그 마음을 느끼게 될 것이다.

결국 사람을 잘 관리하는 것이 기업의 성공 여부를 좌우한다. 그래서 대표들은 오늘도 직원과 동반 성장하는 회사로 거듭나기 위해 부단히 몸부림친다.

인생 선배의 삶을 들여다보다

CEO 과정에 등록하는 사람들은 대부분 회사 대표이거나 임원인 경우가 많다. 이들은 이미 각종 모임에서 수많은 사람을 만난다. 하지만 그들을 전부 깊이 안다고는 할 수 없다. 심지어 얼굴을 마주 보고 인사를 나누지만 어떤 일을 하는지 모르는 사람도 있다.

한 사람에 관해 제대로 알려면 과거에 어떻게 살아왔고, 지금은 어떻게 살아가고 있으며, 앞으로 어떻게 살길 원하는지 들어 보아야 한다. 그래야 그 사람의 참모습을 알게 된다. 뒤풀이는 그렇게 하나하나 알아갈 수 있는 최적의 자리다. 존경할 만한 인생 선배를 만날 기회인 것이다. 제대로 살아온 선배들의 인생 여정을 듣는 것만으로도 앞으로의 삶에 큰 배움이 된다.

백만 불짜리
미소

    김상일 대표는 세련된 영국 신사처럼 매너가 몸에 밴 사람이다. 특히 청명한 목소리와 특유의 미소가 무척 매력적이다.

    국내 운동화 브랜드 '프로스펙스'로 유명한 국제상사에서 사회생활을 시작한 김 대표는 프랑스 주재원으로 파견 나가 해외 시장을 개척하며 우리나라 옷과 신발을 알리는 브랜드 담당자이자 마케터로 일했다. 그 후에는 글로벌 기업에서 스포츠 브랜드 '푸마'를 맡았다. 이를 계기로 패션 브랜드에서 쥬얼리 브랜드까지 소비재 모두를 담당했다.

    외국 기업에 몸담으며 익힌 그의 태도는 처음 만난 사람에게도 시원한 인상을 남긴다. 필자가 아는 리더 중 미소가 가장 아름다운 사람을 꼽는다면 바로 김 대표일 것이다. 그는 늘 웃는 얼굴로 사람을 대한다. 그만큼 미소가 자연스러운 사람이다.

    김 대표는 최고위 과정에서 총무 역할을 하며 필자와도 돈독한 사이가 됐는데, 어느 날 월트디즈니코리아 지사장이었던 그가 캐슬파인 골프장 대표로 자리를 옮긴다는 소식을 들었다. 이전까지와는 전혀 다른 분야라 놀라지 않을 수 없었다. 그러더니 2012년부터는 전라남도 신안에서 천일염을 생산하는 태평염전의 대표이사로 다시 또 새로운 도전을 했다.

    1980년대 국제상사에서 시작해 1990년대 월트디즈니코리아 지

사장, 2000년대 캐슬파인 골프장 대표, 2012년 태평염전 대표까지 여러 분야에서 종횡무진 활약한 그의 도전은 후배들에게 큰 깨달음을 준다. 한 분야에 오랫동안 종사한 리더의 이야기도 무척 소중하지만, 새로운 시도를 두려워하지 않는 리더의 모습은 이제 막 도전을 시작하는 이들에게 여러모로 귀감이 되기 때문이다. 또한, 뜻밖의 도전을 앞둔 이들에게도 김 대표의 다양한 이력과 성공적인 경영 성과는 많은 영감을 준다.

김상일 대표는 무려 30년 전에 우리나라 상품을 외국에 알리는 업무를 맡았다. 어쩌면 그때 이미 앞으로의 거듭된 도전이 예견됐는지도 모른다. 그는 사회생활을 시작하면서부터 이전에 접한 적 없는 낯선 시장에 선뜻 발을 들이는 용기를 체험했다. 그러니 두려움 없이 계속해서 새로운 일에 뛰어든 것은 필연적인 선택이었다. 이렇게 한발 앞서 삶을 개척한 선배가 있기에 후배들도 힘을 얻을 수 있다.

성실함의
대명사

사람들은 대부분 유쾌하고 화려한 언변을 자랑하며 좌중을 압도하는 사람에게 눈길을 보내지만, 때로는 성실한 자세로 묵묵히 자리를 지키는 사람에게 이끌린다.

경기도 동탄에 있는 도로공사에서 서울의 신촌까지 오려면 두 시간이 넘게 걸린다. 하지만 김희중 센터장은 매주 두 번씩, 비가 오거나 눈이 오거나 심지어 다리를 다쳐도 목발을 짚고 최고위 과정 수업에 빠짐없이 출석했다. 그를 지켜본 사람들은 모두 입을 모아 "정말 성실한 사람"이라고 인정한다. 그 불편한 다리로 해외 연수를 다녀온 다음에도 수업에 참석했다.

김 센터장은 수업이 끝나고 나서도 형편이 되는 한 뒤풀이에 꼭 참여했다. 무슨 일이든 시작하기로 마음먹었다면 반드시 끝까지 마무리해야 하는 사람이다. 어디서든 흐트러지지 않고 한결같은 모습으로 자리를 지키는 그에게 사람들은 종종 감동하고 큰 신뢰를 느낀다.

이런 김 센터장을 익히 잘 아는 이들은 그가 저녁 초대를 했을 때 망설이지 않는다. 고민 없이 분당까지 달려간다. 사람에 관한 평가는 금방 이루어지지 않는다. 시간이 쌓이는 동안 꾸준히 보이는 모습으로 그 사람을 평가한다. 김 센터장의 변함없는 성실함은 신뢰도가 높은 사람이라는 평가를 하기에 부족함이 없다.

그는 평소 말이 많은 편이 아니지만, 어쩌다 입을 열면 누구든 귀를 기울이며 경청한다. 허투루 말하는 법이 없어 한마디를 하더라도 귀담아듣게 만드는 사람인 것이다.

성실하다는 건 흉내 낼 수 없는 자질이다. 타고난 성품과 몸에 밴 습관이 그 사람을 성실하게 만든다. 김 센터장은 아주 특별한 일이 아닌 이상 정해진 약속을 항상 우선시하며 함부로 일정을 변경하지 않는다. 모임에서도 튀는 일 없이 묵묵히 자리를 지키면서 묵직한 존재감으로 사람들이 절로 그의 곁에 모이게 한다.

어떤 사람에게서 존경할 만한 부분을 발견하고 그것을 자기 삶에 적용할 수 있다면, 그 만남은 무척 뜻깊다고 할 수 있다. 나이가 많고 적거나 사회적 지위의 높낮이와는 상관없이, 인연이 그리 오래되지 않았다 하더라도, 인생에서 우리가 쉽게 깨닫지 못하는 어떤 부분을 이미 성취한 사람이라면 그가 바로 인생 선배다.

우리가 원한다면 어느 시기에도 다양한 인생 선배를 만날 수 있다. CEO 과정 또한 친우를 사귀기에는 조금 늦은 나이라고 생각할 만한 시점에 그런 만남을 열어 주는 곳 중 하나다. 그들이 열어 주는 세상을 들여다보고, 배우고, 내 것으로 학습한다면 우리의 삶은 더욱 풍부한 의미를 가질 것이다.

리더의 밥상

하룻저녁 만찬으로 몇천만 원을 선뜻 결제하는 리더가 있는가 하면, 아주 사소한 소비를 할 때도 절약 정신이 묻어나는 리더가 있다. 사람마다 성격이 제각각이듯 리더마다 돈을 쓰는 씀씀이도 다르다.

그동안 필자가 만난 리더는 2,000명이 훌쩍 넘는다. 그만큼 별별 사람이 다 있었다. 한 끼에 20만 원이 넘는 점심을 선뜻 사 주던 사람도 있었고, 말과 행동으로 엄청난 돈 자랑을 하던 사람도 있었다. 그들은 왜 그랬을까? 환심을 사서 신임을 얻으려고 했거나 인연을 만들기 위해 그랬을 수도 있다. 어쩌면 단순히 우쭐함을 느끼고 싶어서였는지도 모른다.

하지만 돈을 많이 쓴다고 해서 그 곁에 사람이 모이는 것은 아니다. 원하지 않는 대접이라면 아무리 비싼 돈을 지불해도 고마운 마음이 들지 않는다. 그렇게 해서 얻을 수 있는 관심은 딱 그때뿐이다.

한편, 돈을 벌기까지 고생을 겪었던 리더들은 씀씀이에 대한 태도가 극명하게 대조되는 경우가 많다. 고생했던 기억이 떠올라 아예 돈을 쓰지 않거나 그 시절을 상쇄하기 위해 여기저기 아끼지 않고 베풀거나, 크게 둘로 나뉜다. 돈을 너무 안 쓰는 것도 때로는 대표의 지위에 맞지 않는 것처럼 느껴지고, 반대로 돈을 너무 펑펑 써도 주변 사람들의 냉소적인 시선을 받는 일이 생긴다.

우리는 종종 돈 씀씀이로 사람을 평가한다. 돈에 너무 절절매면 모양새가 좋지 않다고 생각하며, 너무 헤프게 쓰면 과시하는 듯해서 아니꼬워한다. 안 쓰면 안 쓰는 대로, 쓰면 쓰는 대로 욕먹을 때가 있다. 사회적 지위가 있는 리더라면 평가는 더 냉정해진다. 이러니 리더들은 밥 한 끼도 편하게 먹기가 힘들다. 돈 씀씀이로 인격을 평가받고 어느 정도의 관계를 유지하면 좋을지 저울질당하는 일이 허다하기 때문이다.

사회적 지위에 따라 밥상이 주는 의미 또한 달라진다. 사회적 지위가 높은 사람과 식사하면 그 자리에 동석했다는 이유만으로 덩달아 가치가 올라가기도 한다. 그래서 한때는 누구와 어디서 밥을 먹었다는 사실이 큰 화두가 되곤 했다. 보통과는 다른 세상에 살 것 같은 사람과 밥을 먹었다는 것만으로도 자부심이 생겼다. 실제로 사회적 지위가 높은 사람과 저녁을 함께했다는 사실만으로 사업적인 도움을 받는 일이 생기기도 했다. 리더들의 배움터에도 그런 허세의 시절이 있었다.

그런데 요즘은 밥상의 의미가 조금 달라졌다. 체면을 차리거나 부를 과시하거나 사업적인 목적을 이루기 위한 식사보다는 사람 냄새가 나는 밥상을 원하는 사람이 많아졌다. 몇 차례 비싼 술집에 같이 갔다고 해서 친밀한 관계로 발전하고 사업적인 교류가 활발해지지 않는다. 이제는 여럿이 한꺼번에 모여 서로 부어라 마셔라 하면서 으쌰으쌰 하는 분위기를 선호하는 시대가 아니다. 정감 가는 사람끼리 어울려 소소한 일상을 나누는 식사 자리를 원하는 사람이 대부분이다. 긍정적인 변화지만, 어떻게 보면 인간관계가 더 섬세해지고 어려워졌다고도 할 수 있다. 크게 한턱내는 것으로 박수를 받고 여럿이 술잔을 부딪치는 것으로 사업적인 관계를 이어 가기도 했는데, 이제는 한 사람 한 사람에게 인간적으로 다가가야 무엇이든 나눌 수 있다. 어떻게 보면 감동을 주고받기가 쉽지 않아진 것이다.

최근 CEO 과정에 오는 리더들은 일회성 만남이 아닌, 정말 괜찮은 친구로 발전할 수 있는 사람을 만나고 싶어 한다. 단순한 비즈니스 관계가 아니라 평생 친구를 소망하는 것이다. 함께 밥을 먹으면서 업무적인 이야기만 한다면 그 밥이 얼마나 꺼칠꺼칠하겠는가.

외로운
리더들

"밥은 먹었는가?"

예전부터 우리 어른들은 사람을 만나면 보통 이렇게 인사말을 건 넸다. 그만큼 사람에게 밥은 중요하다. 세상에서 가장 소중한 시간 은 좋은 사람들과 밥을 먹는 시간이라고 해도 과언이 아니다. 시간 을 내서 밥상머리에 둘러앉아 식사한다는 것은 정말 소중한 자리를 함께하는 것이다. 훌륭한 밥상은 우리에게 필요한 열량을 제공할 뿐만 아니라 마음의 에너지까지 채워 준다. 특히 마음의 에너지를 충전하기 위해서는 누구와 밥을 먹는지가 중요하다. 그래서 사람들 은 비싼 밥상보다 정겨운 밥상을 원한다.

리더에게는 다양한 의미의 밥상이 존재한다. 먼저 영업 수주를 위한 식사에서 마주할 수 있는 결의에 찬 밥상이 있다. 사업적인 성 과를 위해 모인 자리이기 때문에 흔히 말하는 비싼 밥을 먹는 일도 많다. 보통 사람들이 말하는 리더의 밥상은 아마 이런 모습이지 않 을까 싶다. 하지만 비싼 밥이라고 해서 정이 오가지 않는 것은 아니 다. 일을 위해서라도 자주 만나다 보면 어느덧 사업 관계를 넘어 진 정한 인생의 파트너가 되기도 한다.

10여 명의 직원과 함께 꾸려 가는 중소기업의 경우 리더는 다방 면의 역할을 수행해야 하므로 하루하루가 바쁘다. 일하다 보면 점 심때를 놓치는 일이 부지기수다. 이럴 때의 밥상은 외롭다. 직원들이 나서서 밥을 먹자고 챙기는 일은 흔치 않다. 으레 '대표님은 약속이 있겠지?'라고 생각하기 마련이다. 하지만 직원들이 불편할까 싶어서 밥때가 훌쩍 지나서야 혼자 칼국수나 라면으로 간단하게 식사를 때우는 리더가 의외로 많다.

사업을 하다 보면 같은 업종의 경쟁자가 늘어나면서 수입도 예전 같지 않고 힘든 시기가 온다. 더 좋은 일자리를 찾아 이직하는 직원들도 생긴다. 그러면 리더는 매출에 신경을 쓰면서 남은 직원들의 사사로운 마음마저 헤아려야 한다. 이때 리더들이 원하는 것은 편안한 밥상이다. 산해진미를 쌓아 놓고 먹는 것보다 삼겹살에 소주 한잔을 바란다. 밥 하나 찌개 하나가 전부인 소박한 밥상도 좋다. 정말 편한 사람과 먹는 음식이 간절하다. 자신의 고민을 함부로 속 시원히 털어놓지 못하는 외로운 리더에게는 고충을 나누고 위로를 얻을 수 있는 밥상이 필요하다.

밥을 사는 데 돈을 아끼지 않는 이들 중에는 외로움을 그렇게 표출하는 경우가 있다. 성공하면 꼭 한 번쯤 여러 사람에게 비싼 밥을 사고 싶다는 사람도 있다. 과거에 고생을 많이 한 누군가는 뒤늦게 리더들의 배움터에서 진정한 친구를 만나 지인에게 이렇게 밥을 사고 싶었다고 말하며 정성스러운 식사를 대접하기도 했다. 이런 밥상은 단순한 식사가 아니다. 수많은 이야기와 감정을 품은 한 맺힌 밥상이다. 밥을 사는 의미가 절절하게 느껴져 눈시울이 붉어지기도 한다. 우리는 흔히 '돈 벌면 맛난 거 사 주겠다'며 소박하지만 진실한 의지를 다진다. 비로소 그 의지를 현실로 이뤄 낸 리더의 밥상을 마주할 때면 남다른 감동이 있을 수밖에 없다.

어떤 리더는 부모님에게 밥을 사야 복이 쌓인다고 들었다면서 다른 사람이 절대로 밥값을 계산하지 못하게 한다. 밥을 얻어먹은 이들은 그 뜻대로 잘되기를 바라며 감사를 전한다. 이는 억지로 내는 밥값이 아니다. 부모님을 핑계 삼아 부담 없이 베풀고 싶은 것이다. 그런 마음은 받는 사람에게도 그대로 전달되어 진심으로 고마움을 말하게 된다.

사람 사는 것은 비슷하다. 리더들의 마음도 다르지 않다. 좋아하는 사람과 함께 밥을 먹는 시간은 정말 행복하다. 형편이 허락한다면 누구든 먼저 나서서 밥값을 계산하고 싶을 것이다. 리더들의 놀이터에서는 사람에 대한 경계가 덜하기에 있는 그대로의 모습을 더 잘 느낄 수 있다.

밥이 주는 의미를 되새겨 본다. 리더는 다양한 사람과 만나서 밥을 먹는다. 그런데 만나는 상대는 많지만 마음을 열어 이야기할 사람은 흔치 않다. 그들도 외롭고 힘들 때 기댈 수 있는 사람이 절실하다. 다양한 의미의 밥상 중에서도 리더들이 가장 바라는 것은 인간적인 밥상이다.

리더가 바라는
밥상

최근에는 돈 자랑을 하는 리더가 정말 드물다. 오래도록 관계를 유지할 수 있는 것은 돈 때문이 아니라 마음에 여유가 있기 때문이다. 그렇기에 상대방을 이해하고 받아들일 수 있다. 협상에 성공하기 위해 날을 세우고 먹는 밥이 아닌, 진심을 담은 한 숟가락을 나눌 수 있다.

CEO 과정에는 다양한 사람이 모이고, 그들과 함께 수많은 밥상을 마주하게 된다. 그 밥상은 각양각색의 이야기를 들을 수 있는 자연스러운 만남의 장이다. 그중에서도 소박하게 사는 이야기로 관심사가 모이는 밥상이 진짜 밥상이다. 아무것도 아닌 소재로 웃고 떠들다 보면 잡념이 사라지고 생각은 단순해진다. 어린 학생들처럼 아웅다웅하기도 하고, 했던 이야기를 반복하면서 실없이 웃기도 한다.

리더들도 보통 사람과 별반 다르지 않다. 좋은 사람과 어울려 편하게 웃을 수 있는 밥상을 기다린다. 화려하고 비싼 밥만 먹는 리더는 거의 없다. 1퍼센트 리더의 밥상이라고 유별나지 않다. 잘 익은 김치 하나에 감동한다. 밥상에서는 즐거움이 가득하길 바라는 마음은 누구나 같다.

리더들의 놀이터에서는 돈 쓰는 일을 주저하는 리더에게 지갑을 열 수 있는 기회를 주기도 한다. 부를 과시하고 허세 부리는 법을 알려 주는 것이 아니다. 밥을 산다는 게 얼마나 행복한 일인지, 베푸는 즐거움을 일깨워 주는 것이다. 서로를 위해 사심 없이 베풀다 보면 생각과 마음을 나누는 사이로 발전한다. 그렇게 밥을 함께 먹고 친우가 되고 때때로 여행을 같이 다니는 사이가 된다.

지금도 소박한 밥상을 꿈꾸는 몇몇 리더는 오늘 저녁에는 누구와 밥을 먹을까 고민하고 있을지 모른다. 그들이 원하는 진정한 밥상은 서로를 챙겨 줄 수 있는 마음의 여유에서 비롯됨을 명심해야 한다.

관계 소화불량

첫 만남에서 인사를 나눈 지 얼마 되지 않은 것 같은데, 조금 안면이 생겼다 싶으면 과도하게 관심을 표현하는 사람들이 있다. 마치 오래전부터 친숙하게 알고 지낸 것처럼 말이다. 물론 뒤풀이 자리를 몇 번 함께하다 보면 엄청나게 친해진 느낌이 들기도 한다. 하지만 만난 지 얼마 되지 않은 사람과 한순간에 허물없는 형제자매처럼 지내는 건 조금 꺼려진다.

왁자지껄한 분위기에 휩쓸려 모두가 친밀한 사이인 듯 보이지만 막상 '나랑 진짜 친한 사람이 누구지? 이 모임에서 마음을 나눌 수 있는 사람이 있나?'라고 곰곰이 생각해 보면 쉽사리 떠오르는 사람이 없을 때가 있다.

서로 검증된 사람들이 모이는 최고위 과정이라면 일사천리로 인간관계가 진척되리라 생각할 수도 있다. 하지만 10년 이상 얼굴을 본 원우들 중에도 무슨 사업체를 운영하는지 잘 모르는 경우가 있다. 얼굴이 널리 알려진 대기업 임원이나 사회적으로 주목받는 기업의 리더라면 무슨 일을 하는지 익히 알지만, 중소기업 대표 중에는 구체적으로 어떤 사업을 하는지 모르면서 오랫동안 알고 지내는 사례도 많다. 우리 사회의 정서상 하는 일에 관해 꼬치꼬치 묻는 것이 실례라고 여기기 때문이다. 그런 상태로 시간이 흐르다 보면 새삼스럽게 무슨 사업을 하는지 묻기도 애매하다.

과연 '친하다'라는 말은 어느 정도의 관계를 의미하는 것일까? 어느 시점에서 얼마큼의 관심을 표현해야 불편함 없이 서로를 인정하고 받아들일 수 있을까?

긍정의 언어를 익혀라

최고위 과정은 각기 다른 분야에서 활동하는 사람들을 통해 자신이 경험하지 못한 직업 세계를 자세히 알 수 있는 자리다. 또한 인생 100세 시대에 서로 위로와 격려를 주고받을 수 있는 사람을 만나 새로운 관계를 만들어 가는 곳이다.

업무적인 이해관계가 없는 원우들은 곧잘 번개 모임을 한다. 골프, 등산 등의 취미 활동을 하며 함께 시간을 보내기도 한다. 골프 모임의 경우 잘하는 사람이 초보자에게 매너도 가르쳐 주고 자세도 잡아 줄 때가 있는데, 만난 지 얼마 되지 않은 상황에서 자꾸 잔소리하듯이 알려 주다 보면 배우는 사람은 마음에 상처를 받는 일이 생긴다. 나이와 상관없이 "이거 하지 마라" "이건 잘못됐다" 하는 지적을 당하는 일은 누구도 반갑지 않다. 서로 잘 아는 사이에서도 조언은 조심스럽기 마련인데, 아직 어색한 사이에서 이런 대화가 오간다면 관계는 불편해질 뿐이다.

관계가 무르익지 않은 상태에서는 사소한 말 한마디가 그 사람의 인상을 좌우하기도 한다. 뒤풀이 모임에서 주종을 고를 때 연배가 있는 리더가 먼저 "난 맥주는 차가워서 먹기 싫어"라고 말하면 맥주를 좋아하는 젊은 리더들은 주춤한다. 나이가 많다는 이유 하나만으로 나서서 이것저것 하지 말라고 하면 상대방은 그 사람에 대해 부정적인 마음을 쌓아 가게 된다.

요즘에는 서로 말을 놓고 지내는지 아직 존대하는지로 친한 정도를 측정하는 일이 줄었다. 같은 동기인데 나이가 많다고 직장 선배가 후배를 가르치듯이 대한다면 그 관계는 발전할 수 없다. 나이와 상관없이 누구에게나 배울 점이 있다는 생각으로 상대를 존중해야 한다. 서로 알아 가는 단계에서 친근한 척 마음대로 말을 놓거나 가르쳐 준다는 핑계로 훈수를 두는 사람은 만날수록 거북하다.

대화에서는 긍정의 언어가 중요하다. 특히 아직 낯선 상대라면 더욱더 그렇다. 서로에 관해 잘 알지 못할 때는 칭찬의 말로 다가가는 것이 기본이다. 친하지도 않은 상대가 무언가를 지적하거나 부정적인 표현을 한다면 그 관계는 가까워지기 힘들다. 그렇다고 자신의 의견을 무조건 내세우지 말라는 의미는 아니다. 타당한 의사 표현이 필요한 순간에는 당연히 자기 생각을 분명하게 말해야 한다. 하지만 다양한 견해가 있을 수 있는 사안에 무조건 큰 소리로 자신의 의사를 먼저 밝히는 행동은 좋지 않다. 아직 애매한 관계라면 그 순간 상대는 멈칫하고 더 다가오지 않을 것이다.

우리는 흔히 '배려'라는 말을 자주 쓴다. 하지만 때로는 다른 사람에게 도움을 준다고 생각했던 행동이 오히려 불편함을 불러오기도 한다. 진정한 배려는 무작정 도움을 주는 것이 아니라 상대방이 어떤 사람인지 알기 위해 노력하는 일에서 시작된다. 그러려면 먼저 상대방의 사정에 귀 기울여야 한다. 어설프게 상대를 파악하고 섣부른 조언을 하면 서운함과 상처만 남길 수 있다. 인간관계를 진척시키고 싶다면 섬세하게 마음을 들여다보아야 한다.

관심사와 생각의 크기가 비슷한 아이들은 만나자마자 금세 절친한 사이가 되기도 한다. 하지만 무르익은 나이에 만난 관계는 그러기가 쉽지 않다. 더군다나 서로 살아온 과정을 아직 잘 모른다면 더욱 조심스럽게 한 걸음씩 천천히 다가서야 한다. 켜켜이 쌓아 올린 인생의 터전처럼 인간관계에서도 추억과 이야기가 쌓여야 한다. 쉽게 다가가서 성급하게 말을 트기보다는 조심스럽게 다가가서 신중하게 말을 나누고 상대를 존중하는 것이 중요하다.

진정한 관계를 위한
노력

상대방에게 관심을 가지면 그 사람의 목소리가 들린다. 이런 마음가짐으로 과정에 참여하면 많은 것을 얻게 된다. 누구보다 열심히 살아온 사람들의 다양한 인생 이야기와 폭넓은 경험을 간접적으로 느껴 볼 수 있는 놀라운 체험의 장의 펼쳐지는 것이다.

다양한 분야에서 활동하는 수십 명의 리더를 한곳에서 만나 취미를 공유하고 이야깃거리를 만들 수 있다는 것은 무척 기대되는 일이다. 빨리 동화되어 거리낌 없이 대화를 나누고 싶은 열망으로 가득한 신입 원우들은 좋은 사람을 발견하고 그에게 다가가기 위한 기회를 잡기 위해 긴장의 끈을 놓지 않는다.

원우들이 좋아하는 사람은 엇비슷하다. 대부분 남다른 포용력으로 여유 있게 다가서는 사람을 주목한다. 이런 사람의 태도에는 기본적으로 타인에 대한 존중이 깔려 있다. 누구나 이런 사람과 친분을 쌓고 싶어 한다. 하지만 섣부르게 다가가는 것은 오히려 관계에 해가 될 수 있다. 빨리 다가간 만큼 빨리 멀어지기도 하기 때문이다. 한번 만나고 나서 "형님" "언니" 하며 급격히 친해질 때도 있는데, 속마음을 허심탄회하게 털어놓았다고 생각했지만 알고 보면 서로에 관해 제대로 모르는 경우가 많다. 진정한 관계를 위해서는 기다림과 관찰이 필요하다.

누군가를 만나고 관계가 진척되려면 과정이라는 길이 있어야 한다. 그 길에서 추억거리를 쌓아야 한다. 그걸 통해 사회적 이익이 아닌 희로애락을 나눌 수 있는 관계로 나아간다면 인생에서 중요한 사람을 또 한 명 얻게 되는 것이다.

나이 든 원우들은 간혹 "내 나이에 무슨 또 사람을 만나나?"라고 하지만, 여생을 함께할 수 있는 친구가 한 명 더 생긴다는 것은 어떤 사업적 성과와 견주어도 뒤지지 않는 자산이다. 사람은 나이가 들수록 편하고 익숙한 만남을 선호한다. 그러면서도 생각지 못한 만남이 이루어졌을 때 큰 기쁨을 느낀다. 자신과 전혀 다른 인생을 경험한 사람과의 만남으로 삶에 대한 애착을 다시 상기하기도 한다. 리더들이 배움터에서는 바로 이런 기적 같은 만남이 종종 이루어진다.

과정에 등록하는 리더들은 원우에 대한 기대치가 높다. 사업적인 능력뿐만 아니라 인격적으로도 이미 검증된 사람들이 모이는 곳이라는 인식 때문이다. 그렇기에 어설프게 만나서 순식간에 친해지고 어느 순간 흐지부지되는 관계를 원하지 않는다. 부족하지도 넘치지도 않는 관계, 만날수록 더욱 돈독해지는 관계, 지속해서 만날 수 있는 서로 통하는 관계를 희망한다.

이런 관계를 위해 가장 먼저 갖추어야 할 것은 자신의 태도이다. 과정에 등록하고 열심히 출석하는 것은 자신을 또 다른 세상에 내놓는 시범 라운딩이기도 하다. 그곳에서 긍정적이고 성숙한 모습을 보인다면 많은 주목을 받을 수 있다. 이전까지의 태도가 다소 부족했다면 스스로 성장하고 발전해 나가는 모습을 보여 주면 된다. 다른 사람에게 바라는 것은 줄이고 주변을 관찰하면서 남을 챙기다 보면 "그 사람 참 괜찮아" "그런 사람 또 없다"라는 인품 보증서를 갖춘 사람으로 도약하게 될 것이다.

사회적 지위가 높고 나이가 많다고 해서 반드시 사람이 따르는 것은 아니다. 그럴수록 타인을 존중하고 배려해야 그 자리가 비로소 빛이 난다. 리더들은 어려운 사람보다는 쉼터처럼 따뜻하고 편안한 사람을 원한다. 약속을 잘 지키고 어떤 만남도 소홀하지 않으며, 넉넉한 마음으로 상대를 이해하고 섬세하게 배려하면서 존중하는 관계를 지향한다.

누군가와 친해지고 싶다면 내가 먼저 친해지고 싶은 사람이 되어야 한다. 나는 저 사람과 얼마나 친한가 생각하기에 앞서, 내가 이 관계를 불편하게 하는 사람은 아닌지 한 번쯤 돌아보는 것이 중요하다.

절친을 만나다

고단한 인생길을 가는 데 '절친'이 있다는 것은 큰 행복이다. 물론 가족이라는 든든한 울타리도 있지만, 가족을 제외하고도 어려움에 부닥쳤을 때 위로와 도움을 줄 사람이 존재한다는 것은 큰 위안이다.

최고위 과정에서 만나 절친으로 발전하는 이들도 있다. 그런 사람들을 자세히 살펴보면 사고방식이 서로 엇비슷하다. 사회에서 만났지만, 세상을 바라보는 관점과 도덕적인 기준이 비슷해서 학창 시절을 함께 보낸 오랜 친구보다 마음이 더 잘 통하기도 한다. 뒤늦게나마 같은 공간에서 공부하며 무엇이든 서로 의논할 수 있는 벗을 만난다면 그보다 더한 행운은 없을 것이다.

최고위 과정을 통해 만난 이들 중에는 서로 나이 차이가 꽤 많이 나는 대표들도 있는데, 어느새 절친이 되어 10여 년 이상 만남을 이어 오고 있다. 배움과 친구, 즉 지식과 더불어 지혜의 벗을 동시에 얻는 기회를 잡은 것이다.

"좋은 사람 좀 소개해 달라"고 거의 주문을 외우듯 필자에게 부탁하는 이들은 이전에도 있었지만 점점 그 수가 늘어나고 있다. '진정한 친구'에 대한 갈증이 나날이 커지고 있다는 방증이 아닌가 싶다.

항상 내 편인 사람

필자에게도 절친이 있다. 필자가 열린 마음으로 용기 내어 다가갔을 때 곁에 머물게 됐다. 그 절친은 바로 중학교 3학년 졸업반 시절의 담임선생님이다.

중학교 시절 필자는 등록금을 제때 내지 못할 정도로 가정 형편이 어려웠다. 선생님은 그런 필자를 배려해서 채근하지 않고 늘 조용히 기다려 주셨다. 어린 마음에도 선생님이 정말 고마웠지만 미처 표현하지 못했다. 필자가 글씨를 제법 잘 써서 종례 시간마다 앞으로 나가 칠판에 전달 사항을 받아 적는 일을 하기도 했는데, 그때마다 선생님과 비슷한 자세로 글씨를 따라 쓰면서 닮으려고 노력했던 것이 기억난다.

하지만 필자는 중학교 졸업 이후 20대 중반이 되어서야 선생님을 찾아 나섰다. 선생님을 보고 싶은 마음은 내내 가득했지만 '자리 잡으면 꼭 찾아뵈어야지' 하는 생각으로 미루다가 스물여섯 살이 되어서야 실천에 옮긴 것이다. 다행히도 선생님은 여전히 그 자리를 지키고 계셨다. 전화 한 통으로 순식간에 선생님과 다시 연결될 수 있었다. 수화기 너머로 들려온 목소리는 수년의 세월을 되돌려 다시 필자를 중학생으로 돌아가게 했다.

그때부터 지금까지 선생님은 필자의 곁에 있다. 스승이지만 감히 절친이라 말할 수 있을 정도로 스스럼없이 의지할 수 있는 분이다. 필자를 지켜보는 스승이 있다는 사실만으로도 늘 든든하다. 여전히 배우는 것을 멈추지 않으며 젊은 생각을 유지하는 선생님은 필자의 우상이자 삶의 버팀목이다.

필자는 기쁜 일이 생기면 선생님을 만난다. 함께 맛있는 음식을 먹고 사사로운 이야기를 나눈다. 조찬 강연회에 간식으로 나온 쿠키를 싸 두었다가 저녁에 만난 선생님에게 건넨다. 맛있는 것이나 좋은 것은 뭐라도 선생님에게 드리고 싶은 마음이다.

선생님은 필자에게 어렵고 힘든 일이 생길 때마다 그 누구보다 먼저 응원을 보내고 지지해 주신다. '항상 내 편'에 서서 마음을 토닥여 주고 감싸 준다. 환갑잔치를 하시면서는 "나는 너를 만나기 위해 60년 동안 기다렸다"라고 말하며 큰 감동을 주셨다. 이토록 애틋한 절친이 또 어디 있을까 싶다.

필자가 운영하는 과정에서 만나 서로 다독이고 어려울 때 누구보다 먼저 달려가 손잡아 주는 절친들을 볼 때마다 가슴이 짠한 동시에 선생님이 떠오른다. 선생님을 통해 힘을 얻는 필자의 모습을 되새기며 그 애틋함을 이해한다.

인생에는 수많은 인연이 있다. 그중에서 서로 성장하고 발전해 나갈 수 있도록 도와주는 만남은 흔치 않다. 그만큼 소중하고 크나큰 행운이다. 하지만 나이가 들수록 그런 사람을 만날 기회는 점점 줄어든다. 그렇기에 뜻하지 않은 인연을 만나게 되면 감동은 더욱더 커진다. 이미 자신을 비켜 갔다고 생각한 행운이 불현듯 눈앞에 들이닥쳤으니 말이다. 최고위 과정은 인생에서 그런 행운을 만나기 위해 기대를 품고 노력해 볼 수 있는 최후의 장이기도 하다.

우리 곁의
절친

사업을 하다 보면 예상치 못한 일이 생기기도 한다. 그럴 때마다 희로애락이 교차한다. 어제까지는 더할 나위 없이 좋았는데, 오늘 갑자기 생각지도 못한 일이 터져서 사업체 문을 닫아야 할 지경에 이르는 경우도 종종 있다. 그런데 이런 어려움이 생겨도 막상 털어놓고 이야기할 상대가 없는 리더도 꽤 많다.

누구나 속사정을 들어 주고 이해해 줄 사람이 필요하다. 무거운 짐을 지고 있는 리더에게는 그런 사람이 더 간절하다. 이런 이유로 CEO 과정에 등록하는 이들이 많지만, 모두가 좋은 인연으로 이어지는 것은 아니다. 꿈꾸던 지인을 만나지 못하는 경우도 부지기수다. 그럴 때는 외로움이 더욱 커진다.

하지만 시각을 달리하면 어디서나 절친을 만날 수 있다. 열린 마음으로 주변을 살피면 곳곳에 마음 둘 곳이 생긴다. 그건 실존하는 사람일 수도 있지만, 책이나 영화 속 인물일 수도 있다. 누구든 공감할 수 있는 생각을 하고 마음을 의지할 여지가 있으면 절친이 될 수 있다. 그 절친을 통해 경영의 지혜를 얻고 객관적으로 상황을 바라볼 수 있는 혜안이 열리기도 한다.

때로는 곁에 절친이 될 만한 사람이 존재하는데 알아채지 못하는 일도 있다. 세상에는 비슷한 정서를 가진 사람들이 있다. 그들은 만나자마자 통하기도 하지만, 속내를 감추고 있어 쉽게 알아보지 못할 때가 더 많다. 이런 사람을 찾아내는 건 자신만의 숙제다.

자신을 성장시킬 수 있는 멘토가 될 사람이 이미 주변에 있지만 눈치채지 못하는 데는 몇 가지 이유가 있다. 모든 것을 자기 자신에게만 묻고 스스로 결정하는 습관에 익숙하기 때문일 수도 있고, 지금껏 자신의 판단이 항상 성공적인 결과를 불러왔기에 누군가에게 물어볼 필요성을 느끼지 못했기 때문일 수도 있다.

모든 것을 바쳐 일구어 온 사업체를 계속해서 잘 이끌어 가기 위해서는 멘토의 역할을 해 줄 수 있는 절친이 꼭 필요하다. 이런 절친이 곁에 있다는 것은 가뭄 끝에 내린 한줄기 단비와 같은 축복이다. 하지만 축복은 저절로 찾아오는 일이 드물다. 행운이 다가오기를 마냥 기다릴 것이 아니라 찾아가야 한다. 자신의 이야기를 솔직하게 털어놓고 진심으로 도움을 구했을 때 선뜻 외면해 버리고 마는 사람은 많지 않다. 이렇게 인연을 만들기 위해 노력해야 한다. 선배의 지나온 삶에 해답이 있을 수도 있고, 후배의 반짝이는 아이디어에서 길을 찾을 수 있을지도 모른다. 누구에게라도 기꺼이 다가가야 변화가 시작된다.

반드시 그런 것은 아니지만 보통 여성 원우는 낯선 선배에게도 자신의 어려움을 곧잘 토로하며 자문을 구한다. 하지만 가부장적인 환경에서 자란 남성 원우는 어려움을 혼자 극복하는 것에 익숙해져 있는 모습을 자주 보인다. 그런 고지식함은 때때로 성장에 방해가 된다. 자신과 회사를 한층 더 크게 키우고 싶다면 그 틀을 깨기 위해 노력해야 한다. 먼저 나서서 인사도 건네고, 뒤풀이에도 부지런히 참석하고, 다른 사람의 이야기에 공감도 하고, 모임을 위해 뭐라도 할 만한 일이 없는지 둘러보면서 조금씩 주변의 좋은 사람을 찾아내야 한다.

효과적인 SNS 활용법

요즘에는 다양한 SNS 활동으로 인간관계를 이어 가는 사람들이 많다. 최고위 과정에서도 기수별로 SNS를 운영한다. 그래서 필자는 기수 총무들에게 SNS 운영의 기본적인 방향성을 제시해 주었다.

모임에서 활용하는 SNS는 운영을 원활하게 하기 위한 창구로 쓰이기 때문에 불특정 다수에게 공개되는 SNS보다는 메신저의 성격이 강한 SNS를 주로 사용한다. 바로 네이버 밴드와 카카오톡이다. 먼저 밴드에는 행사 알림 위주로 글을 올린다. 그리고 카톡에서는 자유롭게 안부도 주고받고, 모임 참석 여부도 확인하고, 과정에 대한 개선 사항과 같은 운영에 관련된 다양한 의견을 적극적으로 올리도록 유도한다.

리더들의 놀이터에서
연락을 취하는 방법

리더들은 SNS에서 은근히 자신의 이름이 불리기를 바란다. 총무가 모임 참석 여부를 확인하기 위해 한 명씩 이름을 언급하면 깜짝 놀라며 수줍게 응답한다. 이때 모임을 주선한 사람이 무색하지 않게 재미있는 대화로 분위기를 띄우면 서로에게 감사하는 마음이 커지면서 훈훈해진다. 총무 곁에서 참여를 독려하는 사람이 있다면 그 모임이 더욱 잘 운영되는 것이다. 그래서 SNS에서도 몰이꾼이 필요하다.

리더 개개인의 마음을 헤아리는 데는 카톡이 좋다. 공적인 이야기를 전달할 때도 유용하지만 사담을 나누기에도 적절한 매체이기 때문이다. 모임 참석 여부를 확인할 때는 카톡과 문자를 병행해서 보내면 빠른 회신을 기대할 수 있다. 더욱더 빠른 답장을 원한다면 전체 문자를 발송한 다음 참석 여부를 먼저 알린 첫 번째 사람과 두 번째 사람의 이름을 언급하면서 다시 문자를 보내는 방법도 있다. 그러면 속속 회신이 도착해서 모임에 참석하는 인원을 파악하는 일이 수월해진다. 빨리 회신해야 한다는 압박감이 드는 것이다.

전체 문자라 하더라도 개인에게 보내는 것처럼 운을 띄우는 것이 중요하다. 예를 들어 "지금 답장 안 하시면 배가 불뚝 나올 수 있습니다"라는 말을 덧붙여 보내면 누군가는 당황해하고, 또 누군가는 재미있어하면서 자신에게 하는 말로 받아들인다. 어떤 목적을 위해 보내는 문자라도 재치 있는 말 한마디를 덧붙이면 친근함이 한층 상승한다. 정신없는 일상에 한순간 웃을 수 있는 여유를 선물하는 일이 되기도 한다.

하루 중 어느 시간대에 연락하느냐에 따라 마음을 좀 더 움직이게 하는 효과가 생기기도 한다. 출근 시간에 맞춘 오전 9시는 시간을 비교적 자유롭게 활용하는 직업을 가진 이들이 연락을 받지 못하는 때이기도 하다. 그러니 점심시간 전인 오전 11시 45분쯤 카톡이나 문자를 보내는 것이 좋다. 점심 약속을 위해 움직이거나 차 안 등 개인적인 공간에 있을 가능성이 높기 때문이다. 부탁해야 하는 경우라면 바쁜 오전을 보내고 점심을 먹은 다음 충분히 안정된 오후 2시 무렵이 좋다. 통화해야 한다면 다들 낮에는 업무로 바쁠 확률이 높기 때문에 저녁 6시에서 7시 사이가 좋다. 업무를 마무리하고 약속 장소 등으로 이동할 시간이라 마음에 좀 더 여유가 있다.

실제로 만났을 때는 데면데면했는데, SNS로 이야기를 나눴을 때는 배려가 느껴져서 호감이 생기는 사람이 있다. 반대로 실제로는 굉장히 유쾌하고 재미있었는데, SNS에서는 다소 무례하거나 퉁명스럽다고 느껴서 실망하는 사람도 있다. 어떤 사람이 더 좋은 사람이라고 말할 수는 없다. 다만 SNS 또한 사람의 성품을 판단하는 하나의 기준이 되었다는 것을 인지할 필요는 있다.

단체 채팅방은 어떻게
사용해야 할까

보통 모임이 하나 생기면 단체 채팅방이 만들어지는 것이 당연한 순서다. 최고위 과정에서도 기수별로 단체 채팅방을 운영했다. 그런데 어떤 곳은 매일 대화가 화기애애하게 이어지는 데 반해, 어떤 곳은 썰렁하기 그지없었다. 리더들 중에서도 단체 채팅방에서 활발하게 말을 하는 사람이 있고, 그저 눈여겨보기만 하는 사람이 있다. 이른바 '눈팅'만 하는 이들은 원래 조용한 성격일 수도 있지만, 모두가 지켜보는 곳에서 무슨 말을 해야 할지 몰라서 가만히 있는 경우일 수도 있다.

단체 채팅방에서는 특히 더 섬세한 배려가 필요하다. 개인 채팅방에서 이야기할 때보다는 조금 더 어투를 다듬어서 의견을 내는 등 여러 사람을 존중해야 한다.

모임이 있는 날, 약속 시간을 한두 시간 정도 앞두고 단체 채팅방에 참석할 수 없게 됐다는 통보를 올리는 건 분위기를 흐리는 행동이다. 나름대로는 자신의 상황을 설명하고 동의를 구하고 싶은 것이겠지만, 여러 사람과의 약속을 가볍게 여긴다는 인식을 심어 줄 수 있다. 모임에 참석하기 위해 막 나서려는 사람의 입장에서는 변명으로 느껴질 수도 있다. 단체 채팅방에서는 서로 독려하는 분위기에 힘을 실어 주는 것이 단합에 도움이 된다. 부득이한 사정으로 모임에 참석하지 못할 경우에는 차라리 총무에게 개인적으로 전화해 양해를 구하는 것이 예의다. 그렇다고 단체 채팅방에서는 절대 불참을 언급해서는 안 된다는 얘기는 아니다. 모두에게 직접 말을 전하고 싶었다는 뜻을 담아 참석하지 못하는 이유를 진솔하게 설명하면 오히려 좋은 인상을 남기기도 한다.

반대로 사정이 있어서 참석이 어려웠는데 갑자기 가능해진 경우에는 단체 채팅방에 그 사실을 올리는 것이 좋다. 다른 사람들에게도 참여 의지를 북돋워 주기 때문이다. 여러 가지 이유로 불참을 생각했던 이들 중에서 참여하는 쪽으로 생각을 바꾸는 사람이 또 생길 수도 있다.

모든 인간관계는 소통을 통해 발전한다. 특히 요즘에는 SNS로 소통하는 일이 점점 많아지고 있다. 그러니 SNS를 잘 활용해서 인간관계를 탄탄하게 다지는 일에 관심을 기울이는 것도 좋지 않을까 싶다. 결국 SNS에서도 신뢰가 중요하다. 배려하는 마음이 있다면 SNS를 잘 활용하는 방법쯤은 누구나 쉽게 익힐 수 있을 것이다.

새로운 에너지를 선사하는 공간

모임에서 운영하는 SNS 외에도 리더들은 다양한 가상의 공간에서 자기만의 이야기를 풀어놓는다. 때로는 이런 SNS 활동이 여러 사람에게 새로운 에너지를 선사한다.

주말 내내 소파와 한 몸이 되어 TV만 보거나 밀린 잠을 보충하는 것으로 시간을 보내다가 무심결에 SNS에 들어가서 누군가 산정상에서 찍어 올린 사진을 보고 몸을 벌떡 일으킬 때가 있다. 한번은 어떤 원우가 가족과 함께 한창 상영 중인 영화를 보고 나서 SNS에 감상평을 한마디 올려놓았는데, 그걸 본 다른 원우가 소원하게 지냈던 가족과의 관계를 되돌아보는 계기가 되었다고 고백했다. 모임의 유쾌한 순간을 찍은 사진과 서로를 향한 고마움이 담긴 글을 실시간으로 하나씩 SNS에 올리면 불참한 원우 중에 그걸 보고 늦게라도 방문하는 이가 있다. 이처럼 SNS는 종종 우리가 예측하지 못하는 파급 효과를 일으킨다.

정확한 통계가 있는 것은 아니지만 술을 못 마시는 리더가 유독 SNS를 잘 활용하는 경향이 있다. SNS에 매일 안부를 전하면서 꾸준히 자신의 근황을 알리고 자연스럽게 일을 홍보한다. 이런 리더들은 활동하는 커뮤니티 또한 다양한데, 그 모든 곳에서 활발하게 대화를 나누며 술자리를 가지는 것 못지않게 열심히 소통한다.

SNS를 잘 활용할 수만 있다면 인간관계의 폭은 더 넓고 깊어질 것이다. 타인에게 긍정적인 에너지를 주는 것은 물론이고, 댓글과 피드백을 통해 자기 자신도 더욱 성장할 수 있다. 하지만 글은 흔적을 남긴다. 칭찬과 격려가 아닌 글은 누군가의 마음에 큰 상처를 남길 수도 있다. 두루뭉술한 말로 드러내고자 하는 의미를 정확하게 표현하지 못하면 사람들의 외면을 받기도 한다. 결국 SNS상에서 현명하고 예의 바른 사람이 되려면, 현실에서 먼저 그런 사람이 되어야 한다. SNS는 자신이 이미 가지고 있는 것을 다른 방식으로 보여 주는 창구의 하나이기 때문이다.

여성 리더, 하나로 뭉치다

2008년, 연세대 언론홍보대학원 최고위 과정의 여성 원우회를 강화하기 위해 '연홍회'라는 모임을 만들었다. 모임은 기수별로 총무를 했던 이들을 비롯해 열정적으로 활동하는 여성 원우를 중심으로 구성됐다.

연홍회는 여성 원우들의 재능 기부 형식으로 행사를 기획했는데, 최고위 과정 원우들의 화합을 도모하기 위한 첫 행사는 재즈 페스티벌이었다. 첫 행사를 성공적으로 마무리한 이후로도 3개월에 하나씩 행사를 추진할 정도로 열의가 남달랐다. 바쁜 와중에도 매주 만나서 종합 대행사를 방불케 하는 짜임새 있는 기획 회의를 진행했다. 일사천리로 행사의 콘셉트를 잡고 동원 가능한 여성 원우를 속속히 모이게 했다.

광고기획사를 운영하는 원우가 현수막을 도맡았고, 감독 출신의 원우가 총연출을 담당했다. 의류업을 하는 원우는 의상을 협찬하면서 손수 확인까지 하는 등 애써 주었다. 전반적인 행사 진행에는 호텔 상무로 재직 중인 원우가 합류했다. 각 분야에서 활동하는 여성 원우들이 하나같이 내 일처럼 발 벗고 나서서 참여한 행사는 훌륭한 결과물로 탄생했다.

이렇게 몇 해를 지내면서 여성 원우들은 더욱더 가까워졌다. 다른 곳에서는 말할 수 없었던 여성 리더로서의 애환을 나누면서 서로를 더 이해하고 마음을 헤아리는 사이로 발전했다.

그들만의
위로

연홍회에서 다음 행사를 위한 기획 회의를 진행하던 날이었다. 회의 중에 갑자기 한 원우가 눈물을 쏟았다. 여러 이야기가 오가던 와중에 나름대로 직원을 잘 운영하기 위해 했던 일이 화근이 되어 노동부에 고발당했던 일화를 담담히 전하다가 자기도 모르게 서러움이 북받쳤던 것이다. 마침 옆자리에는 연홍회 회장이 자리하고 있었다. 그는 자신이 겪었던 비슷한 이야기를 해 주면서 감정이 격해진 원우를 다독였다. 그 모습을 지켜보던 또 다른 원우도 노동부에 불려 간 적이 있다며 이야기를 털어놓기 시작했다. 그러자 여기저기서 비슷한 경험을 이야기하며 한바탕 하소연이 펼쳐졌다.

기획 회의는 갑자기 서로 고충을 나누고 아픔을 다독이는 위로의 현장으로 바뀌었다. 작정하고 토로하려던 것은 아니었지만, 서로를 누구보다 잘 이해하는 사람들과 함께 있다 보니 저절로 마음이 놓이고 이야기가 흘러나왔다. 여성 리더라는 공감대를 바탕으로 친분이 쌓이고 정을 나누면서 자연스럽게 믿음이 생긴 것이다.

여럿이 모인 자리에서 자신의 상처를 솔직하게 털어놓는 일은 무척 어렵다. 작정한다고 해도 쉽게 입이 떨어지지 않는다. 더군다나 리더의 자리에 있는 사람이라면 누군가 약점으로 여길 수도 있는 이야기를 아무렇지 않게 꺼낼 수 없다. 여성 리더라는 공감대가 형성되면서 솔직하게 자신의 사정을 털어놓아도 거리낄 게 없는 인간적인 만남으로 발전했기에 가능한 일이었다.

사람 사이의 친분은 의도한다고 만들 수 있는 것이 아니다. 연홍회 원우들은 깊은 신뢰를 바탕으로 친분을 쌓았다. 그리고 공통의 목표를 위해 서로 의기투합하면서 점점 더 스스럼없는 사이가 됐다. 그들은 서로에게 겉치레가 없고 진솔했다.

여성 리더들의
놀이터

연홍회의 활동은 행사를 기획하는 것에서 그치지 않고 '우물 파기 프로젝트'로 나아갔다.

'여성 원우들의 친목 도모'라는 수수한 취지에서 시작된 만남은 횟수를 거듭할수록 점점 단단해졌다. 행사를 하나씩 기획하면서 함께하는 기쁨과 성취감도 맛볼 수 있었다. 이제는 더 많은 사람과 행복을 나누고 싶다는 바람으로 어려운 이들을 돕기 위한 프로젝트를 계획하기에 이르렀다.

그렇게 국제구호개발 단체인 굿네이버스를 통해 물 공급이 안 되는 에티오피아에 우물을 파기 위한 모금이 시작됐다. 첫 모금 활동을 성공적으로 마무리한 다음에도 계속해서 우물 파기 프로젝트를 이어 갔다. 두 번째는 필리핀이었다. 서로 바빠져서 초창기처럼 활발하게 행사를 기획하고 진행할 수는 없었지만, 의미 있는 활동은 꾸준하게 이어졌다.

사람 사이가 돈독해지려면 시간이 쌓여야 한다. 하지만 함께 의미 있는 활동을 한다면 그 시간의 간격을 줄일 수 있다. 이런 만남은 친분을 두텁게 하는 것뿐만 아니라 사람을 내적으로 성장시킨다. 성숙해진 리더들은 사업을 할 때도 자신감이 넘친다.

최고위 과정의 모임은 리더들이 고충을 나누고 함께 성장하는 놀이터가 됐다. 그중에서도 연홍회는 상대적으로 수가 적은 여성 리더들이 의미 있는 만남을 가질 수 있도록 소중한 기회를 제공했다. 현재는 코로나19로 인해 활동이 다소 주춤하지만, 다양한 아이디어를 나누며 함께 힘썼던 10여 년의 시간이 쌓여 지금도 꾸준한 만남이 이어지고 있다.

의외의 공직자들

공직자로 일하면서 업무 연관성이 크지 않은 최고위 과정의 문을 두드리는 일은 흔치 않다. 그럼에도 종종 과정에 찾아오는 공직자들이 있다. 스스로 그런 선택을 했다는 것은 다른 이들과는 차별화된 사고방식을 지녔다는 의미일지도 모른다.

그들은 '과연 다른 원우들과 잘 어울릴 수 있을까?' 하는 필자의 의구심을 송두리째 없애 버릴 정도로 명확하고 솔직하다. 학기 중 출석과 행사 참석에 관해 항상 분명한 답을 주어 진행을 원활하게 한다. 특별한 상황을 제외하고는 수업에도 빠짐없이 출석하고 행사에도 적극적으로 참여한다. 원우들과 마음을 터놓고 어울리는 것은 기본이다.

공직자 원우들의 성실한 태도는 학업 분위기를 조성하는 데도 한몫한다. 그들을 잘 알지 못했을 때는 왠지 뒤풀이에서도 근엄하게 자리를 지킬 것 같다는 선입견이 있었다. 하지만 학기가 시작되고 머지않아 그런 선입견은 온데간데없이 사라지고, 우리와 별반 다르지 않은 털털하고 소박한 한 사람의 원우를 마주하게 된다.

통닭 한 마리의 추억

따사로운 가을날이었다. 강의는 진작 끝났지만 그냥 헤어지는 게 서운했던 몇몇 원우와 간단한 뒤풀이로 아쉬움을 달래고 다시 귀갓길 위에 섰다. 그때 한 원우가 한잔 더 하자는 제안을 했다. 급하게 새로운 장소를 물색하던 일행은 근처 편의점으로 눈길이 갔다.

날씨가 좋다 보니 편의점 밖에 펼쳐 놓은 플라스틱 의자에는 삼삼오오 앉아서 한잔하는 사람들이 많았다. 하지만 아쉽게도 만석이었다. 이때 검사 출신 원우가 한 테이블을 향해 다가갔다. 대학생으로 보이는 이들이 둘러앉아 이야기를 나누고 있었다.

"젊은 양반들, 혹시 우리 늙은이들한테 자리를 양보해 주지 않겠소? 대신에 내 돈을 조금 줄 테니 다른 곳에 가서 한 잔씩 하면 어떻겠소?"

검사 원우의 정중한 태도에 학생들은 흔쾌히 "네, 저희가 양보하겠습니다"라고 말하며 자리에서 일어났다. 검사 원우는 고마운 마음으로 몇 장의 지폐를 건넸다. 하지만 학생들은 극구 사양했다.

"내가 대학 다닐 때 생각이 나서 그러니 받게나."

학생들은 결국 감사하다는 인사를 하고 자리를 떠났다.

그런데 30분쯤 지났을까. 자리를 양보했던 학생들이 다시 나타났다. 한 학생의 손에는 치킨 상자가 들려 있었다.

"안주가 부실할 듯해서 치킨을 사 왔습니다. 이것도 같이 드세요."

학생들은 테이블 위에 치킨 상자를 올려놓더니 90도로 인사를 하고는 저만치 사라져 버렸다.

"아니, 이렇게 고마울 데가. 잘 먹겠네. 고마우이."

원우들은 뒤늦게 정신을 차리고 인사를 건넸다.

그 자리에 함께했던 원우들은 지금도 그때의 일을 이야기한다. 학생들에게 다가가 다정하게 말을 건넸던 검사 원우와 예쁜 마음을 가진 학생들 덕분에 추억거리를 하나 만든 것이다.

최고위 과정에서 공직자가 차지하는 비중이 적어 데면데면할 것 같지만, 호형호제하며 가깝게 지내는 원우가 꽤 많다. 다른 원우들이 사업적인 어려움을 호소할 때 성심껏 법률 자문을 해 주는 검사 원우처럼 피가 되고 살이 되는 조언을 해 주는 공직자 원우들도 종종 있다. 알게 모르게 거리감이 느껴졌던 공직자에 대한 이미지를 새롭게 바꿀 수 있는 계기가 되어 준 이들이다. 공직자들도 따뜻한 날씨와 좋은 사람, 통닭 한 마리에 감동하는 평범한 사람이었다.

마음을 나누는
식사 자리

2007년 가을 학기에 최고위 과정을 수강했던 또 다른 검사 원우가 정기 인사에서 강남에서 강북으로 자리를 옮기며 사대문 안에 입성한 기념으로 점심을 사기로 했다.

따뜻하게 차려진 밥상 앞에 모인 원우들은 감동한 듯 한마디씩 인사를 건넸다. 어떤 원우는 "매달 공직자가 사 주는 이런 밥을 먹고 싶다"고 우스갯소리를 하기도 했다. 분명 농담이었는데 자리에 모인 15명 남짓한 원우들이 좋은 생각이라며 동조하기 시작했다. 물론 검사 원우가 사는 밥을 계속 먹자는 얘기는 아니었다. 매달 한 번씩 이렇게 모이자는 뜻이었다.

2009년 무렵 장난처럼 시작된 이 강북 모임은 일명 '밥 사 포럼'으로 명명되어 8년 동안 이어지면서 원우들의 관계를 더욱 돈독히 해 주는 계기가 됐다.

'밥 한 끼가 뭐 그리 대단할까?' 싶지만 당시만 해도 지금과는 분위기가 사뭇 달랐다. 공직자와 무척 거리감을 느끼던 시절이었다. 그러니 공직자가 사는 '밥'은 유독 그 의미가 남달랐다. 그러한 와중에 최고위 과정을 통한 만남이 공직자에 관한 고정관념을 없애는 데 한몫한 것이다.

공직자는 1년에 한 번씩 인사이동이 있다. 그러면 원우들은 지방으로 근무지를 옮겨 홀로 지내는 공직자 원우를 찾아가 1박 2일의 단합 대회를 하기도 한다. 제조업을 하는 원우가 있으면 산업 시찰하듯이 회사를 탐방하는 것처럼 말이다. 통영, 순천, 부산, 울산, 여수 등 전국 각처로 위문 공연하듯이 찾아가 저녁 한 끼를 같이 먹고 이야기를 나누며 관계를 쌓아 간다.

언젠가 정년을 앞둔 한 부장판사 원우는 "왜 우리에게는 3교시 순번이 오지 않느냐?"고 물은 적이 있다. 그는 "나랏일 하는 우리도 사회에 기여하는 분들에게 술 한잔 건네고 싶다"고 말했다.

그러던 어느 날 드디어 판사 원우가 삼겹살에 소주 한잔을 사겠다고 발표했다. 같이 수업을 들었던 원우들 모두 뒤풀이에 참석했다. 심지어 강의 시간에는 얼굴을 비추지 않았던 원우까지 판사 원우가 사는 삼겹살을 먹겠다며 뒤늦게 자리에 나타났다.

최고위 과정의 문을 두드리는 공직자는 열린 마음을 가지고 있다. 도움을 주고받기보다는 먼저 베풀기 위해 노력한다. 때론 이들에게 술 한잔 사 달라고 짓궂게 떼쓰는 원우도 있다. 물론 허물없이 친하기 때문에 가능한 행동이다. 공직자 원우들 또한 그런 애정을 흔쾌히 받아들이며 함께 어울리기를 마다하지 않는다. 존재 자체로 여러 사람에게 본이 되는 이들이다.

근로 학생에게
인기 1순위

대학원 최고위 과정에는 부서별로 근로 학생이 배정된다. 근로 학생은 학교 내에서 일과 학업을 병행하는 학생으로, 자발적인 신청을 통해 일할 기회가 주어진다. 최고위 과정의 근로 학생들은 수업이 원활하게 진행될 수 있게 출석 확인을 하고 교재를 나눠 주는 등의 업무를 맡는다.

근로 학생에게는 최고위 과정에 다니는 기업 임원 및 다양한 분야의 전문가가 선망의 대상이 되기도 한다. 그래서인지 학생들은 나이 차이 때문에 거리감이 느껴질 수도 있는 최고위 과정 원우들에게 곧잘 다가가고 궁금한 것이 있으면 물어보기도 한다.

최고위 과정 원우들 또한 자신의 학창 시절을 떠올리며 학생들의 질문에 친절히 답해 준다. 학생들을 보면 눈 밑에는 다크서클을 달고 김밥 한 줄로 식사를 때우며 한 글자라도 더 보려고 애쓰던 시절, 친구들이 연애에 바쁠 때 혼자 도서관에 남아 공부했던 기억이 떠오르는 모양이다.

이런 근로 장학생 친구들을 가장 잘 챙기는 이들이 바로 공직자 원우들이다. 공직자 원우들은 학생들의 사소한 질문 하나도 허투루 여기지 않는다. 공부는 어떻게 하고 있는지, 꿈은 무엇인지, 진로를 위해 어떤 준비를 하는지 친절하게 되묻고 따뜻한 조언을 해 준다.

공직자 원우들의 모습을 한 학기 동안 지켜보며 새로운 삶의 지표를 만드는 학생도 있다. 그런 모습을 볼 때마다 때때로 교육은 강의실에서 이루어지는 수업과 도서관에서의 학습이 전부가 아니라는 생각이 든다. 바람직한 길을 걸어간 누군가의 모습 자체가 배움이 될 수도 있는 것이다. 그렇게 학생들은 인생을 살아가는 방법을 배우고, 새로운 기회를 얻기도 한다.

그러다 보니 많은 근로 학생이 '다음 학기에는 어떤 공직자가 오실지' 설레어한다.

진정성 있는 마음

우리는 살아가면서 종종 누군가에게 도움을 주고 또 받는다. 도움의 형태는 매우 다양하다. 너무 소소해서 일일이 기억하지 못하는 것이 있는가 하면, 인생 궤도에 영향을 줄 만큼 엄청난 사건으로 기억되는 것도 있다.

도움은 대체로 선의에서 비롯된다. 타인의 어려움을 살필 줄 아는 세심한 사람일수록 도움을 주는 일에 거리낌이 없다. 이런 배려 깊은 사람의 따뜻한 도움을 받으면 누구라도 그걸 되돌려 주고 싶어 한다. 상대방이 보답을 바라지 않아도 굳이 고마운 마음을 표현하고 싶다.

서로 도움을 주고받았다고 해서 마음의 빚이 모두 사라지는 것은 아니다. 도움받은 사람이 느낀 고마움의 크기가 무척 크다면 아무리 갚아도 부족한 듯하다. 또한 마음의 빚을 갚을 기회가 항상 바로 바로 찾아오는 것도 아니다. 하지만 진정성 있는 마음으로 사람을 대하는 이들은 아무리 오랜 시간이 흘러도 고마운 마음을 고스란히 간직하고 살아간다.

마음의 빛과 품앗이

15년 전의 일이다.

"뭘 굳이 택시를 타려고 하세요? 내가 데려다줄게요. 내 차 타고 가세요."

이 대표가 모임을 끝내고 약속 장소로 가기 위해 자리에서 일어서는 김 대표를 보며 말했다. 급한 비즈니스 미팅이 있다고 하는 김 대표의 이야기를 듣고 선뜻 데려다주겠다는 뜻을 내비친 것이다.

이 대표는 자신과 반대 방향으로 가야 하는 김 대표를 차로 데려가 뒷자리에 태웠다. 결국 김 대표는 이 대표의 순수한 호의에 감사를 표시하고 차에 올랐다.

그런데 약속 장소에 도착해 차에서 내리려는 순간 사고가 발생했다. 급한 마음에 김 대표가 주변을 살피지 않고 차 문을 여는 바람에 뒤에서 오던 오토바이와 충돌한 것이다. 자동차 문은 찌그러지고 오토바이 운전자는 바닥으로 쓰러졌다. 순간 안절부절못하며 당황한 김 대표를 본 이 대표가 조수석에서 내리며 말했다.

"어서 약속 장소로 가세요. 뒤처리는 내가 할게요."

이 대표는 사고 처리를 하겠다는 김 대표를 만류하며 등을 떠밀었다. 결국 김 대표는 미안함과 고마움을 안고 약속 장소로 갔다. 그사이 이 대표는 오토바이 운전자를 급히 병원으로 옮겼다. 검사 결과 다행히 별다른 이상은 없었다.

김 대표는 미팅을 마치자마자 이 대표에게 연락해 연신 고맙다고 말했다.

그리고 시간이 흘러 이 대표의 회사가 어려움에 부닥치는 일이 생겼다. 회사의 자금 운용이 원활하지 않아 은행에 대출을 받아야 하는 상황이 벌어진 것이다. 이 소식을 들은 김 대표는 자신이 잘 아는 은행 본부장을 연결해 주었다. 결국 이 대표는 낮은 금리로 대출을 받아 위기를 극복할 수 있었다. 무려 10년 동안 김 대표의 마음속에 남아 있던 빚이 이 대표에게 빛으로 되돌아온 순간이었다.

김 대표는 자신이 약속 시간에 늦지 않도록 배려해 준 것뿐만 아니라 사고 처리까지 모두 도맡은 이 대표에게 내내 고마운 마음을 품고 있었다. 김 대표의 부주의로 차가 부서졌으니 화가 날 법도 한데, 오히려 당황한 김 대표가 무사히 미팅에 참석할 수 있도록 뒤처리까지 깔끔하게 마무리 지은 이 대표의 마음 씀씀이는 큰 감동이었다. 사실 그날의 미팅은 절대 늦어서는 안 되는 중요한 자리였다.

인간관계는 서로 품앗이하듯 도움을 주고받으며 더욱 견고해진다. 누군가 사심 없이 먼저 나서서 상대를 도와주면, 고마움을 느낀 상대는 언젠가 갚아야겠다는 마음을 품는다. 그리고 드디어 그런 상황이 오면 자연스럽게 나서서 도움의 손길을 내민다. 이 대표의 도움을 오랫동안 기억하고 있다가 그가 어려울 때 기다렸다는 듯이 선뜻 나선 김 대표처럼 말이다.

차를 태워 주겠다는 사사로운 도움에서 이어진 관계는 지금도 깊은 인연으로 오래도록 유지되고 있다.

상대를 세심하게 관찰하는 힘

언젠가 모임에서 만난 정 대표가 계속 기침을 했다. 혼자 사는 정 대표가 감기 몸살을 앓는 모습을 본 이 상무는 내내 마음이 쓰였다. 다음 날 그는 대추를 달인 차를 보온병에 담아서 아침 출근길에 정 대표에게 전했다. 생각지도 못한 대추차를 받은 정 대표는 무척 감동했다.

어느 날 이 상무는 매콤한 떡볶이 생각이 간절했다. 이때 문득 호텔 주방장 출신인 정 대표가 떠올랐다. 그렇다고 갑자기 먹고 싶은 음식을 해 달라고 부탁할 수는 없었다. 그런데 마침 전화 통화를 하게 되어 지나가는 말로 별 생각 없이 "오늘 같은 날엔 떡볶이가 먹고 싶네요"라고 얘기한 것을 정 대표가 놓치지 않았다. 얼마 지나지 않아 김이 모락모락 나는 갓 만든 떡볶이가 퀵서비스로 이 상무에게 배달됐다.

이 상무는 무심코 내뱉은 말 한마디도 놓치지 않고 세심하게 챙겨 준 정 대표가 정말 고마웠다. 정 대표 또한 대추차를 전해 주었던 이 상무의 따뜻한 마음을 익히 알고 있었기에 자연스럽게 그런 행동을 할 수 있었다. 두 사람의 관계는 떡볶이를 계기로 더욱 돈독해졌다.

인간관계가 힘겹다고 하지만 리더는 사람들과 만나는 일을 피할수 없다. 그럴 때 마음을 편안하게 해 주는 사람을 마주한다면 누구라도 그 만남을 지속하기 위해 노력할 것이다.

유 대표는 언제나 한결같이 평정심을 유지한다. 도움을 청하기보다는 도움을 주는 것이 더 당연하게 느껴질 만큼 상대를 세심하게 살피고 배려하는 행동이 몸에 배어 있는 사람이다. 누군가 고충을 토로하는 자리를 지켜 준 적은 많아도 스스로 나서서 술자리를 유도하고 하소연하는 일은 단 한 번도 없었다.

그런 유 대표가 어느 날 갑자기 "오늘 저녁 약속 있나요?"라고 물었다. 민폐를 끼치는 게 아닐까 우려했던 것이 무색하게도 모두 깜짝 놀라서 있던 약속까지 취소하고 그에게 달려갔다. 그답지 않은 모습에 지인들은 저마다 '무슨 어려움이 있나 보다' '절대로 그럴 사람이 아닌데 무슨 일일까?' 하며 걱정했다. 심적으로 우울한 일이 있었던 유 대표는 그날 큰 위로를 받았다.

리더들의 모임에서 자신의 어려움을 솔직하게 토로하기란 쉽지 않다. 좋은 일만 말하는 것이 익숙한 관계에서 불쑥 어려움을 이야기하면 어색해질 수 있기 때문이다. 하지만 누군가 용기 내서 고충을 이야기하면 의외로 그 상황을 타개할 방안을 얻을 수 있을 때도 있다. 중요한 것은 진정성이다. 떠보고 이용하려는 것이 아니라 진심으로 조언을 구하는 태도라면 누구라도 지혜를 모으고 도움을 주고 싶어 한다. 이미 잘되고 있는 것만 이야기하는 만남은 크게 발전하기 어렵다. 솔직하게 도움을 주고받을 수 있는 관계가 되어야 함께 성장할 수 있다.

상대를 세심하게 관찰하고 배려하다 보면 어느 순간 인연이 더욱 더 깊어지고 단단해진다. 사람의 마음을 움직이는 것은 관심과 작은 정성이다.

사회생활을 하면서 만나는 많은 인연은 상대방의 지위나 직위에 따라 갑을 관계로 이어지기 쉽다. 하지만 사람들은 비즈니스 관계가 아닌 마음이 통하는 관계를 꿈꾼다. 이때 진정성을 가지고 상대와 대화를 나누다 보면 어느새 다음 만남을 기약하는 관계로 발전하기도 한다.

진정한 '지기'를 만나길 바라는 마음이 점점 간절해지는 요즘이다. 지기의 부탁은 사심 없이 발 벗고 나서서 도와줄 수 있다. 이런 사이에서는 도움을 주었다고 특별한 보답을 바라지 않는다. 자연스럽게 도움을 주고받을 수 있는 지기는 일상에도 큰 활력을 준다.

물론 지금 곁에 있는 사람들만으로도 충분하기 때문에 새로운 누군가를 사귀고 싶지 않다고 말하는 이들도 있다. 하지만 칩거 생활을 하는 게 아닌 이상 새로운 만남을 모조리 피할 수는 없다. 원하지 않은 자리라고 해서 피하기만 할 것이 아니라 그냥 앉아서 편안하게 상대방의 이야기를 들어 주는 것도 나쁘지 않다. 그러다 보면 상대방이 살아온 삶에 관심이 갈 수도 있고 마음이 통하는 부분을 발견할 수 있을지도 모른다. 업무적으로 전혀 연결 고리가 없을 것 같은 사람이라도 그 인맥에 누가 숨겨져 있을지 알 수 없으니 다가오는 이들을 무조건 배척할 필요는 없다.

결국 좋은 사람 곁에 좋은 사람이 모인다. 평소 어떻게 처신하느냐에 따라 손을 내밀었을 때 만사 제쳐 두고 달려오는 이들이 있을 수도, 혹은 없을 수도 있는 것이다.

팬데믹 시대의 만남

2020년에 급습한 코로나19로 사회 전반의 커뮤니티가 여러모로 변화했다. 리더들의 배움터 또한 변화를 피할 수 없었다. 기존에 경험했던 만남을 그대로 유지하는 일이 불가능해졌기 때문이다. 방역지침에 따른 시간의 제약과 인원수의 제한은 이전과는 다른 방식으로 인간관계를 풀어 갈 수밖에 없도록 만들었다. 처음에는 조금만 견디면 나아지리라 생각했다. 하지만 어느새 2년의 시간이 지났고, 우리의 일상은 현격히 달라졌다.

이제 우리는 어떻게 만나야 할까? 어떤 방식으로 모임을 지속해야 할까? 끊임없는 고민의 연속이었다.

온라인으로 자리를 옮긴
만남의 장

CEO 과정은 '만남'으로 모든 것이 이루어진다고 해도 과언이 아니었다. 그러나 코로나가 닥치면서 매주 강연을 열고 끝나면 함께 모여 뒤풀이를 하는 것은 상상할 수 없는 일이 됐다. 과정 수료 후에도 월례회 개념으로 지속적인 만남을 이어 갔지만, 펜데믹 사태로 모임이 연달아 취소되면서 위기가 찾아왔다.

쉽게 물러날 것 같지 않은 낯선 상황 속에서 어떻게 헤쳐 나가야 할지 갈피를 잡지 못하는 혼돈의 시간이 한동안 계속됐다. 정부의 시책으로 2인끼리만 오후 9시까지 모일 수 있던 시기에는 더욱 혼란스러웠다. 사업적인 목적을 위한 만남이든 친목을 다지기 위한 모임이든 단둘이 만나서 마주 보고 식사하며 이야기를 나눌 일이 많지 않았던 리더들은 특히 소통에 곤란함을 겪었다. 사람을 만나는 횟수가 현저히 줄어든 대신, 만남은 더 긴밀하고 섬세해졌다.

불과 2년 사이에 우리의 생활환경은 급격한 변화를 맞았다. 마치 미래의 세상을 미리 체험해 보기라도 하듯이 어느새 모든 만남은 온라인상에서 이루어지기 시작했다. 모임도 강연도 바이러스로부터 안전한 온라인 공간에서만 활발하게 실현됐다. 그렇게 핸드폰 액정이나 컴퓨터 모니터 건너편을 향해 인사를 건네고 안부를 묻는 일상에 익숙해졌다.

학교에서 인강(인터넷 강의)으로 수업을 들은 적이 있는 젊은 층은 실제로 만나지 못하고 온라인으로 소통하는 것이 조금 아쉽기는 해도 큰 거부감 없이 변화를 받아들였다. 하지만 중장년층은 이제 곧 괜찮아지지 않을까 하는 마음으로 오프라인 강의에 미련을 두고 기다리다가 이제야 서서히 익숙해지고 있다.

우리의 삶은 코로나 발생 이전과 완전히 달라졌다. 필자는 꼭 필요한 만남조차 쉽지 않던 시기를 지나오면서 누군가를 대면하는 것에 관해 새롭게 생각해 보게 됐다. 의외로 많은 일이 직접적인 만남 없이도 무난하게 진행된다는 사실을 깨닫기도 했다.

간절히 보고 싶은 사람을 만나기도 어려운데, 억지로 누군가를 만나는 일은 더 이상 내키지 않는다. 이제 의무적인 만남은 점점 꺼려진다.

방역 지침이 많이 완화되고 사람을 만나는 일도 비교적 자유로워졌다지만, 아직도 여럿이 모이는 일은 조심스럽다. 리더들의 배움터에서도 어떤 방법으로 모임을 유지해야 할지 고민이 많다. 진솔한 인간관계에 대한 원우들의 갈증을 해결할 방안을 화두로 삼아 한발짝 나아가야 할 시점에 도달한 것이다.

인간관계에 대한
재정립

코로나 사태 직전이었던 2019년 연말에는 하루에 두 개씩 송년 모임이 잡히고 바로 또 신년회가 이어지면서 저녁마다 빡빡한 일정으로 채워졌다. 하지만 2020년부터는 확 달라졌다. 꼭 필요한 모임인지 한 번 더 생각하고 신중하게 참석을 결정하기 때문에 더는 빼곡한 일정표를 찾아볼 수 없었다.

위드 코로나 시대라고는 하지만 아직 한정된 공간에서 다수가 모이는 일에 대한 불안감은 여전하다. 이전에는 오찬 약속을 잡고 누구를 만나 저녁을 함께하는 것에 큰 고민이 없었다. 시간의 여유가 있는지 없는지만 고려의 대상이었다. 그런데 이제는 사소한 만남에도 가족과 동료의 안전을 먼저 생각하게 된다.

물론 코로나19에 어떻게 대응해야 하는지는 사람마다 온도 차이가 있겠지만, 모임을 주최하는 입장에서는 많은 고민이 될 수밖에 없다. 만약 어떤 모임에서 대량의 코로나바이러스 감염 사태가 발생한다면, 관리를 철저히 하지 못한 그 모임 자체를 신뢰할 수 없게 된다. 어린 자녀를 둔 가정에서는 가족 구성원 중 한 명이 외부인을 자주 만나는 모임에 소속되어 있는 것이 불안할 수 있다. 그러니 점점 제약이 생긴다.

코로나가 한창 심각할 때 필자는 종종 이런 생각을 했다. 과연 200~300명의 인원이 한자리에 모이는 동창회 모임 같은 것을 다시 할 수 있을까? 코로나 이전의 2019년 연말이 먼 과거처럼 막막하게 느껴졌다. CEO 과정을 어떤 관점에서 운영하고 어떻게 변화시켜야 할지, 온라인을 통한 만남만으로 인적 네트워크를 형성하는 일이 가능한지, 진지한 물음을 던지고 다양한 논의를 해야 했다.

학창 시절처럼 강의실에 모여 수업도 듣고, 여럿이 함께 여행도 가고, 단체로 체육대회도 열고, 다양한 사람과 소소한 술자리도 가지며 인생을 이야기하고 정을 나누던 것이 그동안의 CEO 과정이었다. 수년간 익숙했던 특유의 정서를 어떻게 하면 계속 이어 갈 수 있을까? 이제는 모임에 참여하지 않는다고 함부로 질책할 수 없는 시대이기 때문에 모임에 공백이 생겨도 누구를 탓하거나 무작정 독려할 수 없다.

리더들은 이제 크고 왁자지껄한 모임보다는 믿을 만한 사람끼리 소소하고 안전하게 만나기를 원한다. "우리들의 공간을 만들어서 모이자" "배달이 잘되는 곳에서 각자 술 하나씩 가져와서 만나자" "색다른 공간을 마련해 달라!" "공감하고 즐길 만한 거리를 제공했으면 좋겠다" "몇백 명의 모임에 여태껏 왜 갔을까?" "지금 이렇게 지내는 것도 편한데, 쫓겨 다녔던 예전으로 돌아가고 싶지 않다. 하지만 새로운 사람에 대한 갈증은 있다" 등등 좀 더 밀도 높은 만남을 원하는 추세로 바뀌고 있다. 어쩌면 코로나 사태를 계기로 인간관계를 현실적으로 재정립하고, 진정한 관계의 의미를 재조명하는 기회가 찾아온 것인지도 모른다.

리더들의 배움터가
나아갈 방향

코로나 이후 어떤 곳의 CEO 과정은 상황이 어려워져 개강을 못 하기도 했고, 또 어떤 곳은 철저한 방역 수칙을 지키며 인원을 제한한 채 과정을 유지하기도 했다. 어찌 되었든 계속해서 과정을 운영하기 위해 여러 가지 방향성을 제시하며 애썼다. 그러나 강의를 정상적으로 열어도 뒤풀이를 하지 못하면 원우들끼리 제대로 서로를 알아 가기가 어려워 서먹한 분위기로 한 학기를 마무리하게 된다.

리더들이 CEO 과정에 등록하는 이유는 전문적인 지식을 얻기 위해서만은 아니다. 그와 더불어 활발한 인적 네트워크를 형성하고 싶다는 기대를 품고 수강한다. 그러니 단순하게 강연만 운영하는 것으로는 수강의 목적을 충족하기가 어렵다. 술 한잔을 나누면서 인간적으로 교류하고 자연스럽게 만남의 장을 열 수 있는 자리가 필요하다. 코로나 이전과는 그 방법이 달라져야 한다는 것은 알지만, 여전히 리더들은 이러한 과정을 통해 진실한 인적 네트워크를 형성할 수 있기를 희망한다.

이러한 바람을 적극적으로 반영하기 위해 필자는 새롭게 다가가는 프로그램을 기획하고자 노력했다. 여러 분야의 전문성 있는 과정을 더욱 발전시키고, 다른 과정과 협력하면서 다양한 시도를 하고, 전문가와 함께 떠나는 해외여행을 미리 선점해 두려고 했다. 또한 친구 맺기 프로그램을 운영하고, 각 지역에 문화예술 포럼을 유치해 전국적으로 교류할 수 있는 장을 마련할 계획이다. 안전하고 의미 있는 만남을 통해 커뮤니티를 확장하고 분위기를 환기함으로써 리더들의 놀이터에 새로운 활력을 부여할 수 있으리라 생각한다.

배움의 욕구와 소통에 대한 갈망은 절대 사라지지 않는다. 여전히 사람들은 인생의 수많은 질문에 답을 얻기 위해 지식과 지혜를 쌓는 데 열중하고, 마음을 충만하게 하는 사람과 서로 공감하는 시간을 보내고 싶어 한다. 코로나 사태를 맞으면서 이러한 갈증은 오히려 더 심해졌다. 그렇다고 함부로 누군가를 만날 수도 없는 현실에서 여러 단기 과정은 안전하게 인간관계를 구축할 수 있는 흔치 않은 기회이기도 하다. 그래서인지 2022년 봄 학기에는 기존 CEO 과정에 무려 90명이 몰리는 현상이 나타나기도 했다.

사람은 누구나 신뢰로 이어진 영원한 친구가 곁에 있기를 바란다. 이제 실제로 만나지 않아도 온라인으로 많은 일을 처리할 수 있게 됐지만, 좋은 사람과 만나 다정하게 이야기를 나누고 싶은 마음은 언제까지나 변함없을 것이다. 그것이 바로 리더들의 배움터가 지속될 수 있는 원천이다.

넘치는 정보 속에서 자신에게 유익한 지식을 스스로 찾아 나서고, 사회의 혼란과 무의미한 인간관계를 극복하고 싶은 모든 리더에게 필자는 최고의 조력자가 되어 주고 싶다. 그렇게 우리만의 커뮤니티를 더욱 활성화하면서 굳건히 지켜 가려고 한다.

즐거움이 가득한
리더들의 놀이터를 위하여

리더들이 최고위 과정을 찾는 데는 크게 두 가지 이유가 있다. 첫 번째는 바로 배움에 관한 갈증 때문이다. 리더의 공부는 학교를 졸업하거나 취업하면 끝나는 종류의 배움과는 다르다. 그야말로 평생학습이다. 좀 더 나은 사람이 되기 위한 지난한 과정의 연속이다. 그렇기에 다양한 배움을 제공하는 단기 과정은 최적의 배움터가 된다. 전문 분야를 더욱 깊이 있게 배우고 싶은 이들에게도, 생업에 밀려 잠시 미뤄 두었던 관심사를 공부해 보고 싶은 이들에게도 여러 강좌를 수강할 수 있는 과정은 매력적인 대안이다. 인문, 사회, 경영뿐만 아니라 문화와 예술에 이르기까지 관심 분야에 따라 스스로 배우고 싶은 것을 결정하고 선택할 수 있어 만족도가 크다.

최고위 과정이 처음 등장한 1970년대 초반에만 해도 대학의 주도하에서만 이러한 강의가 진행됐다. 그런데 시간이 흐르면서 학교 기관뿐만 아니라 개인이 수업을 열어 진행하는 다양한 과정이 생겨났다. 배움을 향한 열망이 높아지고 취미 영역에 관한 관심이 증가하면서 교육을 대하는 시각도 변화를 맞이한 것이다. 배우고자 하는 마음만 있다면 망설이거나 주저할 필요가 없을 정도로 풍요로운 배움의 시대가 찾아왔다. 이제 중요한 것은 수많은 배움의 기회 속에서 질 좋은 콘텐츠를 선별할 수 있는 안목을 갖추는 일이 됐다.

그러나 팬데믹을 맞으며 교육의 패러다임은 또 한 번 큰 변화를 맞았다. 강의실에서 직접 얼굴을 보는 일이 불가능한 시기를 겪으며 단기 CEO 과정을 운영하는 모든 주체는 혼란의 시간을 마주했다. 그러면서 하나둘 온라인 수업으로 자리를 옮겼다. 온라인으로도 배우고 소통하는 일이 충분히 가능하다는 것을 새롭게 인식하고 적응해 갔다.

필자 또한 온라인 시대를 맞으며 근본적인 고민을 하게 됐다. 리더들이 최고위 과정을 찾는 두 번째 이유는 인간관계 때문이다. 좋은 사람을 만나고 싶다는 바람은 나이가 들고 성공에 다가갈수록 절실해진다. 마음을 나눌 수 있는 지인은 아름다운 삶을 꾸리는 데 필수 요소다. 그런데 온라인으로 수업이 전환되면서 사적인 모임과 뒤풀이가 사라졌다. 서로 어색한 사이도 두세 번쯤 얼굴을 대면하고 함께 강의를 들으며 이야기를 나누다 보면 조금씩 친근감이 형성되는데, 온라인에서의 만남은 그러기가 쉽지 않았다. 우리는 어떻게 인간관계를 맺고 그것을 발전시켜 나갈 수 있는가 하는 물음이 큰 숙제로 다가왔다. 최고위 과정으로 명명되곤 하는 이 배움터의 정체성을 다시 조명해 봐야 하는 시점에 도달한 것이다.

뒤풀이는 단순히 술잔을 기울이는 시간이 아니다. 편하게 이야기를 나누고 토론하면서 인간관계를 열어 가는 시간이다. 저마다 살아온 환경이 다른 리더들이 경험을 공유하고 고충에 공감하며 서로 이해하게 되는 특별한 자리다. 강의를 통해 지식을 익히는 것도 중요하지만, 이러한 만남을 통해 지혜를 나누는 일 또한 뜻깊다.

누구에게나 하루 24시간이 주어진다. 그것을 쓰는 방식은 사람마다 제각각이지만 대부분 우선시하는 일에 많은 시간을 할애하기 마련이다. 누군가를 만나는 일은 때때로 이 우선순위에서 밀리곤 한다. 그 만남이 업무적인 성과와 관련이 없을 때는 특히 더 그렇다. 그런데 숨 쉴 틈도 없이 바쁜 일정 속에서도 기꺼이 만남을 위해 시간을 내는 사람이 있다. 늦은 밤, 휴식 시간을 쪼개 가며 뒤풀이 장소에 잠시라도 얼굴을 내밀던 리더들을 떠올리며 그런 생각을 했다. 시간이 없다는 말은 결국 핑계일지도 모른다. 만나기를 원하는 사람이라면 무슨 수를 써서라도 시간을 마련할 수 있다. 결국 어디에 더 마음을 쓰는가의 문제다. 팬데믹을 겪으면 그동안 필자가 주최한 콘텐츠와 모임들은 과연 기꺼이 마음을 쓸 수 있는 것이었나 뒤돌아보며 앞으로 나아갈 방향을 재정립했다.

연세대 신학과의 김상근 교수는 필자가 매우 좋아하는 강연자다. 그의 강연은 수십 번을 들어도 매번 다르다. 10여 년 가까이 그의 강의를 수강한 리더들도 늘 새로운 이야기에 감탄하며 귀 기울인다. 다양한 방법으로 '우리는 누구이며, 어떻게 살아야 할 것인가' 하는 인간 본연에 관한 질문을 끊임없이 상기시킨다. 존경할 수밖에 없는 진짜 선생님이다. 언젠가 〈김상근 교수와 함께하는 이태리 기행〉이라는 콘텐츠를 진행한 적이 있는데, 수강생들과 함께 해박한 고전 지식을 바탕으로 한 흥미진진한 설명을 들으며 박물관과 미술관을 여행했다. 아침부터 저녁까지 이어지는 강행군 속에서도 지루함과 피곤함을 느낄 틈이 없었던 그때의 경험은 두고두고 회자

되고 있다.

리더들을 위한 과정의 운영자가 나아가야 할 방향은 바로 이런 것이 아닐까 싶다. 수강자인 동시에 능동적인 활동가가 될 수 있는 콘텐츠를 만들고, 긍정적인 영향을 주고받을 수 있는 집단을 형성하는 것 말이다. 김 교수와 함께한 이탈리아 탐방이 특별했던 이유는 단지 수업 내용이 좋았기 때문만은 아니다. 수업에 적극적으로 참여하면서 존경할 만한 인물의 모든 것을 보고 듣고 느낄 수 있었다. 그때의 경험을 간직한 채 자신의 자리로 돌아간 리더들은 다양한 지식과 문화적 자극을 통해 새로운 아이디어를 떠올리기도 하고, 김 교수의 태도에 깊은 감명을 받아 솔선수범하는 태도로 직원들의 마음을 헤아리기도 한다.

필자는 오랫동안 대학 기관이라는 울타리 안에서 최고위 과정을 운영하며 스스로 이 분야의 베테랑이라 자부해 왔다. 리더들이 필요로 하는 콘텐츠가 어떤 것인지 누구보다 빠삭하게 꿰고 있다고 생각했고, 그것은 어느 정도 사실이기도 했다. 그런데 학교라는 울타리를 벗어나 모든 가능성을 열어 두고 세상을 바라보니 더 넓은 배움의 세계와 수많은 가능성을 품은 콘텐츠가 곳곳에 있었다.

물론 중요한 것은 어떤 콘텐츠든 수강생이 되는 리더 스스로 주체가 되도록 유도하는 일이다. 이를 위해 필자는 다양한 발표의 기회를 마련한다. 여러 분야의 전문가인 수강생들은 이미 그 자체로 훌륭한 강사의 자질을 갖추고 있다. 배움을 주는 일은 자신의 지식이 쌓이는 것 이상의 성취감을 느끼게 한다. 이와 더불어 리더들이 선호하는 강연자를 섭외하고, 시대의 흐름을 놓치지 않도록 트렌디한 주제를 선별하는 것은 기본이다.

스노우볼 효과Snowball Effect라는 말을 들어 봤을 것이다. 장기적인 안목으로 투자했을 때 눈덩이가 비탈을 구르며 불어나듯이 자산이 늘어나는 것을 의미하는 경제 용어로 많이 쓰이는 말이다. 필자는 이 스노우볼 효과가 배움과 인간관계에도 그대로 적용된다고 생각한다. 25년 동안 이 일을 하면서 리더들이 어떻게 살아왔고, 어떤 방식으로 성공을 이루었는지 끊임없이 들여다봤다. 저절로 이루어지는 것은 아무것도 없었다. 한순간의 행운으로 모든 일이 술술 풀리는 영화 같은 일은 현실에서 마주하기 힘들다. 하루하루의 성취와 순간순간의 진심이 모르는 사이에 조금씩 리더들을 성공의 자리로 이끌었다.

우리는 흔히 재력을 성공의 척도라고 생각한다. 하지만 부자라고 해서 모두 리더가 되는 것은 아니다. 사회적 성공을 거둔 이들 중에서도 존경할 만한 인품을 지닌 이들을 우리는 기꺼이 리더라 부른다. 저마다 자기만의 희로애락을 거쳐 리더의 자리에 온 그들에게는 공통점이 있다. 바로 인간 중심의 사고방식이다. 인간관계를 중시하고, 좋은 사람을 곁에 두기 위해 끊임없이 노력한다.

진정한 어른들의 배움은 절대 일방적이지 않다. 강연을 통해 실질적인 지식을 배우는 동시에 함께 모인 이들 하나하나를 보며 삶의 태도를 익히고 영향을 끼친다. 어려움에 부닥친 리더에게는 어김없이 응원과 지지를 보내며 도움을 주기 위해 애쓴다. 좋은 사람을 만나면 협업할 수 있는 일을 모색하고, 긍정적인 기운을 받으면 사회에 환원하고 어려운 이웃과 나누기 위해 다양한 시도를 한다.

필자는 '리더들의 놀이터'라는 표현을 참 좋아한다. 최고위 과정, CEO 과정, 단기 과정 등등으로 불리는 이 과정을 모두 통틀어 가장 적절하게 설명할 수 있는 말이 있다면 바로 이것이라고 생각한다. 어른들의 교실에서 교감을 나누며 가장 많이 떠올리는 감정이 바로 즐거움이기 때문이다. 배우는 것도 사람을 사귀는 것도 모두 즐겁기 때문에 우리는 기꺼이 리더들의 놀이터에 모인다. 새로운 것을 배워서 즐겁고, 함께해서 즐겁고, 또한 나눌 수 있어서 즐겁다.

우리는 누구나 즐거움이 있는 곳으로 향하고 싶다. 혼자 하는 공부는 쉽지 않고, 검증되지 않은 사람과 만나는 일은 예기치 못한 피로를 불러오기도 한다. 그렇기에 필자는 앞으로도 계속해서 재밌는 콘텐츠를 만들고, 좋은 사람을 모으며 즐거움으로 가득한 리더들의 놀이터를 지켜 가고 싶다. 배움 안에 얘깃거리와 나눌 거리, 그리고 즐길 거리를 담아내기 위해 노력하고 싶다. 이 책을 읽은 누군가가 "그곳에 가면 좋은 일이 생길 것 같다"라는 기대를 품는다면 더할 나위 없이 기쁠 것이다.

끝으로 책이 나오는 데 도움 주신 모든 분에게 감사를 드린다.

2022년 6월
김 양 희

리더는 왜 지금 사람들을 만나는가

초판 1쇄 인쇄 2022년 6월 10일
초판 1쇄 발행 2022년 6월 15일

지은이 김양희

펴낸이 김연홍
펴낸곳 아라크네

출판등록 1999년 10월 12일 제2-2945호
주소 서울시 마포구 성미산로 187 아라크네빌딩 5층(연남동)
전화 02-334-3887   팩스 02-334-2068

ISBN 979-11-5774-725-2 03320